MARCO ⊕ POLO

FLANDERN

ANTWERPEN · BRÜGGE · GENT

Reisen mit
Insider-Tips

Diese Tips sind die ganz speziellen
Empfehlungen unserer Autoren.
Sie sind im Text gelb unterlegt.

Sechs Symbole sollen Ihnen
die Orientierung in diesem Führer erleichtern:

für Marco Polo Tips – die besten in jeder Kategorie

für alle Objekte, bei denen Sie auch eine schöne Aussicht haben

für Plätze, wo Sie bestimmt viele Einheimische treffen

für Treffpunkte für junge Leute

(A 1)
Koordinaten für die Übersichtskarte

Die Marco Polo Route verbindet die schönsten
Punkte Flanderns zu einer Idealtour

Diesen Reiseführer schrieb Siggi Weidemann.
Er ist Auslandskorrespondent und berichtet für die »Süddeutsche
Zeitung« und das »Handelsblatt«.
Die Marco Polo Reihe wird herausgegeben
von Ferdinand Ranft.

MAIRS GEOGRAPHISCHER VERLAG

MARCO ⊕ POLO

Für Ihre nächste Reise gibt es folgende Titel dieser Reihe:

Die Marco Polo Redaktion freut sich, wenn Sie ihr schreiben:
Marco Polo Redaktion, Mairs Geographischer Verlag
Postfach 31 51, D-73751 Ostfildern

Unsere Autoren haben nach bestem Wissen recherchiert. Trotzdem schleichen sich manchmal Fehler ein, für die der Verlag keine Haftung übernehmen kann.

Titelbild: Brügge (Schapowalow/Heaton)
Fotos: Knigge (4, 12, 14, 18, 34, 38, 40, 49, 58, 65, 70, 78, 81); Lade/press (51); Welsh (42); Mauritius: Hubatka (54), Nakamura (68); Schapowalow: Kornblum (72), Niehuns (22); Silvestris: Stadler (9, 62); Thomas (67); Transglobe: Theis (26); Weidemann (Anreise, 24, 28)

3. aktualisierte Auflage 1996 © Mairs Geographischer Verlag
Gestaltung: Thienhaus/Wippermann (Büro Hamburg)
Kartographie: Mairs Geographischer Verlag
Sprachführer: In Zusammenarbeit mit Ernst Klett Verlag für Wissen und Bildung GmbH, Redaktion PONS Wörterbücher

Printed in Germany
Gedruckt auf 100% chlorfreiem Papier

INHALT

Entdecken Sie Flandern!

Nirgendwo ist das Mittelalter schöner erhalten, die Lebenslust ausgeprägter als in dieser wirklich europäischen Kulturlandschaft

Wer heute durch Flandern reist, weiß zunächst oft nicht viel mehr, als daß dort nachts die Autobahnen beleuchtet sind. Tagsüber jedoch führen diese durch eine der historisch bedeutendsten europäischen Kulturlandschaften, in der in langen Freiheitskämpfen das entstand, was wir als flämische Kultur und Lebensart bezeichnen. Flandern? Historisch gesehen ist es die Keimzelle Belgiens. Praktisch betrachtet ist es ganz einfach eine lebensfrohe Mischung.

Flandern hat alles, was ein Naherholungsgebiet braucht: Feine Sandstrände, soweit das Auge reicht, verträumte Flußpartien. Abseits der Schnellstraßen Wald und Wiesen und häufig noch bäuerliches Leben. Zum Bleiben verlockende Gasthöfe und feine Restaurants. Volksfeste und Dorffeiern, Fixsterne flämischen Lebens. Die Glockenspiele. Die Türme der Rathäuser, *Belforts* oder Belfriede genannt,

An verträumten Gewässern entsteht flämisches Lebensgefühl: Kanal Brügge — Sluis

die meilenweit sichtbar aus dem Wiesengrün der Polderlandschaft aufragen. Die Flüsse und Kanäle mit ihren grünlackierten Schleusen. Die Madonnen an den Wegkreuzungen. Orte wie Lier, Veurne oder Kortrijk, in ihrer Art ebenso charakteristisch für die gegensätzliche Vielfalt flämischer Landschaft wie Mecheln, Brügge, Gent oder Antwerpen: Städte, in denen Flanderns Bürger eine Kultur schufen, die Europa wesentlich beeinflußt hat.

Im frühen Mittelalter war Flandern gemeinsam mit Italien die bedeutendste Stadtlandschaft in Europa. Die flämischen und italienischen Städte waren es, in denen selbstbewußte Bürger sich erstmals ihre Freiheiten erkämpften. Tuchhallen, Gildehäuser und die Belfriede — wie angespitzte Bleistifte ragen sie über die gotischen Dächer hinaus — sind unübersehbare Zeugnisse der einstigen wirtschaftlichen Macht der miteinander konkurrierenden Städte.

Diese Konkurrenz gibt es noch heute, etwa zwischen Brügge und Gent. Da gelten die

»Bruggelingen« als habsüchtig, die »Gentenaren« halten sich für weltoffen.

Kelten, Römer, Franken, Burgunder, Habsburger, Spanier, Österreicher, Franzosen und Holländer haben nacheinander Kultur und Politik dieser zänkischen Region geprägt. Im August 1830 konnten zuletzt die Holländer abgeschüttelt werden, und am 4. Oktober 1830 erklärte sich das Königreich Belgien für unabhängig. Die flämischen und wallonischen Landesteile bildeten einen neuen, von den Großmächten anerkannten Staat. Leopold I. aus dem Hause Sachsen-Coburg wurde erster König. Im Sint-Michiels-Vertrag von 1993 wird das Land föderal, haben die Flamen, die Wallonen und die Brüsseler außer der wirtschaftlichen auch die kulturelle Unabhängigkeit erhalten.

Die Geschichtsschreibung Belgiens beginnt mit den Römern. Sieben Jahre hatten Cäsars Legionen gebraucht, um die keltischen Stämme zu besiegen.

Die »Pax Romana« sollte in der Provinz »Gallia Belgica« rund 500 Jahre dauern. Die Römer begannen mit dem Ausbau des Straßennetzes. Die *Via Agrippa* etwa führte von Boulogne über Tongern und Maastricht zur damaligen Weltstadt Köln. Kaiser Claudius schaffte die Herrschaft der heidnischen Druiden ab, vergab Bürgerrechte an Aristokraten und begann mit dem Bau von Gutshöfen in Limburg, Brabant und dem Haspengau. An der Küste entstanden die ersten Fischerorte. Ausgrabungsfunde im Gallo-Romanischen Museum in *Tongern* beweisen, daß die damalige Pro-vinz Belgica äußerst wohlhabend gewesen sein muß.

Bevor die Römer das Land verließen, teilte Kaiser Diokletian Belgien in »Belgica Prima« im Südosten und »Belgica Secunda« im Westen auf – der Ursprung der späteren Sprachgrenze. Diese Trennungslinie reicht auch heute noch von der Nordsee bis zum Dreiländereck bei Aachen und führt über Belgisch-Luxemburg weiter in Richtung Elsaß. Sie gilt als Sprachgrenze und auch als kulturelle Scheidelinie zwischen dem Germanischen und dem Gallo-Romanischen.

Nach dem Abzug der Römer gegen 400 n. Chr. strömten im Zuge der Völkerwanderung immer wieder Franken in das Gebiet zwischen Schelde und Maas ein. Unter dem Geschlecht der Merowinger gewann das Christentum, nachdem es zeitweilig an Einfluß verloren hatte, wieder an Macht. Der bekannteste »Belgier« jener Epoche ist Karl der Große, 747 in *Herstal* geboren, im Jahr 800 in Rom zum Kaiser gekrönt und 46 Jahre lang mit den Mitteln des Krieges und der Diplomatie Beherrscher des Frankenreiches. Um 900 wird der Name Flandern erstmals erwähnt. Er bezeichnet eine Grafschaft westlich der Schelde. Doch zunächst müssen noch die Einfälle der Wikinger und Normannen an der Küste abgewehrt, Kämpfe zwischen Franken, Lothringern und Brabantern ausgetragen und Flamen zu den Kreuzzügen ausgesandt werden, bis sich die mächtige Grafschaft Flandern unter dem Grafen Boudewijn wirklich etablieren kann. Von der Schelde bis zur Nordsee, von Seeland bis hinunter nach

Artois reicht nun das Machtgebiet der Grafen mit dem gelben Löwenbanner. Hinter der Küste werden erste große Ländereien von Mönchen eingepoldert, so etwa 1125 bei *Veurne*. Dort erstreckt sich auch das rund drei Meter unter dem Meeresspiegel liegende *Moeren*, ein dem Meer im 17. Jahrhundert abgetrotztes Gebiet. Um 1134 werden bei *Brügge* Deiche gebaut. Auch dabei geht es um Trockenlegung zur Gewinnung fruchtbaren Akkerlandes. Um 1300 sind rund 90 Prozent des einst von der Schelde überfluteten Landes unter den Pflug gebracht.

Flandern ist das erste Fürstentum, das auf niederländischem Boden entsteht. In den kommenden drei Jahrhunderten folgen die Fürstentümer *Loon, Brabant, Limburg* und der *Hennegau*. Unter der Herrschaft der Grafen von Flandern wird die Landwirtschaft ausgebaut, werden Wirtschaft und Handel vorangetrieben, und im 12. und 13. Jahrhundert erkämpfen sich die aufblühenden Städte die Unabhängigkeit von fürstlicher Bevormundung; Beispiele dafür sind *Gent, Brügge* und *Ypern*. In Brüssel erstreiten sich die Gilden 1312 eine eigene ständische Vertretung. Auf dem Land erheben sich die Bauern, und in Brabant wird 1248 — erstmalig in Europa — die Leibeigenschaft abgeschafft. Die günstige Entwicklung der »Niederen Lande« (damit ist zu dieser Zeit hauptsächlich Flandern gemeint) weckt die Habgier der Könige von Frankreich. Kämpfe bleiben nicht aus. Berühmt wird die »Schlacht der goldenen Sporen« unter Pieter de Konink und Jan Breydel gegen die Franzosen. Am 11. Juli 1302 (Nationalfeiertag in Flandern) besiegte erstmals ein Heer von Bürgern und Bauern eine Armee von Rittern in offener Schlacht. 700 goldene Rittersporen hingen danach eine Zeitlang in der Kirche zu *Kortrijk*, bis sie 1302, nach einem Sieg über die Flamen, von den Franzosen zurückerbeutet wurden.

Das 14. Jahrhundert bringt Hungersnöte, Epidemien und die Pest mit sich und schließlich den 100jährigen Krieg zwischen England und Frankreich. Flandern stellt sich auf die Seite Englands. Gegen Ende des 14. Jahrhunderts fällt Flandern durch Heirat an das Herzogtum Burgund. Unter Philipp III. (dem Guten) wird *Brüssel* Hauptstadt im großen Burgunderreich. In dieser Zeit kommt es auch zum Aufstand *Gents*, der die Stadt ihre Privilegien und zahlreichen ihrer Bürger das Leben kostet. Das

Erbe Burgunds tritt der Habsburger Maximilian I. an, und damit bestimmt Österreich die weiteren Geschicke Flanderns.

Die Geburt Karls (des späteren Karls V.) im Jahr 1500 markiert den Beginn einer neuen Epoche. Der Habsburger wird die Niederlande zu einem einzigen Territorium zusammenschließen. Karl, in Gent geboren und in *Mechelen* erzogen, folgt 1517 seinem Großvater auf den spanischen Königsthron und nimmt 1520 die deutsche Kaiserkrone entgegen. Sein Reich, in dem »die Sonne niemals unterging«, umfaßt nun halb Europa — die von Spanien gerade hinzugewonnenen Kanarischen Inseln und Länder in der Neuen Welt mit eingeschlossen. Und Flandern ist in diesem Reich ein wichtiger Dreh- und Angelpunkt, denn wann immer der Kaiser in Gent oder Brüssel weilt, wird die damalige Welt der Christen von hier aus regiert.

Allen politischen Unruhen zum Trotz entwickeln sich Kunst, Kultur und Handwerk im damaligen Flandern zu hoher Blüte. Im 14. und 15. Jahrhundert ist Flandern Europas Zentrum der Gobelinweberei. Die wichtigsten Manufakturen befinden sich in *Brügge, Gent, Oudenaarde* und *Tournai*. Vorherrschende Motive sind anfangs religiöse Szenen, später solche aus der antiken Mythologie. Flämische Tapisserien zieren Kirchen, Schlösser und Stadtpaläste in ganz Europa. Im 16. Jahrhundert entsteht die Spitzenklöppelei. Spitzen werden als Kleiderschmuck für Patrizier angefertigt. Herstellungszentren sind *Brügge, Mecheln, Brüssel* und *Antwerpen*.

Auch heute werden dort noch Spitzen geklöppelt.

Den frühen Reichtum flämischer Städte dokumentiert auch die Baukunst. Zeugnisse der sogenannten »Scheldegotik«, bei der romanische Strukturelemente teilweise erhalten bleiben, sind die Liebfrauenkirche in *Brügge* sowie die St. Nikolauskirche in *Gent*. Entlang der Küste finden wir die sogenannte »Küstengotik«, verewigt in den Giebelhäusern von *Veurne* und *Brügge* sowie der Liebfrauenkirche in *Lissewege*. Beispiele der »Brabantischen Gotik« sind die Kathedrale St. Rombout in *Mecheln*, die Liebfrauenkirche in *Antwerpen* und die zahlreichen Rathäuser, etwa in *Brüssel, Gent, Löwen* und *Oudenaarde*. Zwischen 1520 und 1600 entstehen das Antwerpener Rathaus, die Tuchhalle in *Tournai*, der Bischofshof in *Oudenaarde* und viele Bürgerhäuser im Stil der Renaissance.

Auch die flämische Malerei erlebt ihren Höhepunkt im 14. und 15. Jahrhundert. Die Brüder Van Eyck malen 1432 ihre »Anbetung des Lammes«; in Brügge arbeitet Hans Memling, in Gent Joost van Wassenhove. Im 16. Jahrhundert ist Antwerpen das Kunstzentrum Europas. Die allegorisch-geheimnisvollen Bilder eines Hieronymus Bosch (um 1450—1516), die Gemälde eines Pieter Breughel d. Ä. (1525 bis 1569; auch Brueghel oder Bruegel geschrieben) mit ihren bäuerlichen Motiven stehen am Ende einer langen Blütezeit der flämischen Malerei.

Spanien, Hochburg des Katholizismus, löst mit der Unterdrückung des sich ausbreitenden Calvinismus in Flandern einen Auf-

Flaches Flandernland: Windmühle am Stadtkanal

stand aus. Da die Statthalterin Margarete II. von Parma die Unruhen nicht friedlich beenden kann, schickt Philipp II., der Sohn Karls V., den berüchtigten Herzog Alba nach Flandern, der die Erhebung blutig und grausam niederschlägt. Im Jahr 1568 beginnt mit dem Aufstand der Geuzen unter Wilhelm von Nassau-Oranien der achtzigjährige spanisch-niederländische Krieg. Am 17. August 1585, als sich Antwerpen nach langer Belagerung Alexander Farnese, dem Herzog von Parma und Befehlshaber der spanischen Truppen, ergeben muß, ist Flanderns Niedergang besiegelt. Es folgt die Aufteilung in die nördlichen, freien Niederlande (das heutige Königreich der Niederlande) und die weiterhin habsburgisch regierten südlichen Niederlande (etwa das heutige Belgien).

Daraufhin verlagert sich der wirtschaftliche und kulturelle Schwerpunkt der Niederlande nordwärts. Städte wie Leiden und Amsterdam erleben einen Zustrom von Flüchtlingen aus Gent, Brügge und Antwerpen, was gleichzeitig einen ungeahnten Zufluß an Geld, Wissen und Kultur mit sich bringt. Dieser Zustrom aus dem Süden trägt maßgeblich dazu bei, daß das ehemalige Fischerdorf Amsterdam im 17. Jahrhundert sein »Goldenes Jahrhundert« erleben kann.

Der achtzigjährige spanisch-niederländische Krieg wird 1648 im Westfälischen Frieden beendet. Der spanische König erkennt die »Vereinigten Niederlande« als freie und souveräne Länder an und übergibt ihnen *Nord-Brabant, Seeländisch Flandern* und das nördliche *Limburg*, die seitdem zum Königreich der Niederlande gehören. In Flandern herrscht jedoch aufgrund spanisch-französischer Konflikte weiterhin Krieg. Erst 1659 kommt es zu einem Vertrag, in dem Frankreich *Artois, Flandern* und Teile des *Hennegaus* erhält. Aber das mittlerweile verarmte Flandern kennt noch keine Ruhe, sondern bleibt Schlachtfeld bis zum Ende der spanischen Erbfolgekriege. Erst nach dem Frieden von Utrecht (1714) erholt sich Flandern unter der Regierung der österreichisch-habsburgischen Maria Theresia.

So beliebt Maria Theresia als Regentin gewesen war, so unbeliebt, ja verhaßt macht sich Kaiser Joseph II. mit seinen juristischen und staatsrechtlichen Reformen. Erstmals seit der spanischen Besatzungszeit sollen solche Reformen vorgenommen, soll die Macht von Klerus und Adel mit dem »Toleranz-Edikt« durchbrochen werden. Aber die Kirche ist zu stark, und 1789 kommt es zum sogenannten »Brabanter Umsturz«. Im darauffolgenden Jahr 1790 schließen sich *Flandern*, der *Hennegau* und *Lüttich* nach dem Beispiel der Vereinigten Staaten von Amerika zu den »*Etats Belgique Unis*« zusammen, den »Vereinigten Staaten von Belgien«. Die Fahne erhält die alten brabantischen Farben schwarz-gelb-rot.

Nach Napoleons Sturz vereinigte der Wiener Kongreß 1815 unter Wilhelm I. von Nassau-Oranien die nördlichen und südlichen Niederlande zum Königreich der Vereinigten Niederlande. Aber die Unterschiede zwischen Nord und Süd sind zu ausgeprägt, die Gegensätze in Wirtschaft, Konfession und Sprache zu groß. Im Jahr 1830 kommt es zur Revolution, die ungeliebten Holländer werden verjagt, und am 4. Oktober 1830 wird Belgien unabhängig. Der neue Staat erlebt einen beispiellosen wirtschaftlichen Aufschwung. Im Jahr 1835 fährt zwischen Brüssel und Mecheln bereits die erste Eisenbahn. Der Staat gibt sich die progressivste, demokratischste Verfassung Europas. 1885 erwirbt König Leopold II. die Kolonie Kongo, die bis 1908 sein Privatbesitz bleibt. Im Ersten Weltkrieg fallen deutsche Truppen in Belgien ein, und in Flandern kommt es zu Stellungskriegen. Die Vorherrschaft des Französischen in Flandern wird zurückgedrängt, an der Universität zu Gent wird 1930 das Niederländische als Unterrichtssprache eingeführt, an den Schulen und unter den Beamten Flanderns wird ab 1932 Niederländisch gesprochen. Im Zweiten Weltkrieg gerät das Land unter deutsche Besatzung. König Leopold III. weigert sich, ins Exil zu gehen, und muß 1950 wegen seiner Kontakte zu den Deutschen zurücktreten. Sein Sohn Baudouin (niederländisch: Boudewijn) wird König, und nach dessen Tod, 1993, wird sein Bruder Albert Staatsoberhaupt in dem Land mit zehn Millionen Einwohnern. Inzwischen besteht Belgien nicht mehr als Einheitsstaat, sondern als föderaler Staat, der sich aus dem niederländischsprachigen Flandern, dem frankophonen Wallonien mit dem deutschsprachigen Ostkanton und Brüssel zusammensetzt. Ihnen und allen Besuchern bietet dieses abwechslungsreiche Land mit den kurzen Entfernungen alles, was man zum Leben braucht – zu einem Leben wie Gott in Flandern.

Geschichtstabelle

450 v. Chr.
Kelten besiedeln Flandern

57 v. Chr.
Cäsar besiegt die Belgier

54 v. Chr.
Ambiorix besiegt die
römischen Legionen

5. Jh.
Die Franken erobern das Land

789
Karl der Große regiert von
Aachen aus

1302
Schlacht der »Goldenen
Sporen« bei Kortrijk

1337
Beginn des Hundertjährigen
Krieges

1396
Flandern fällt durch Heirat an
Burgund

1477
Maria von Burgund heiratet
Maximilian von Österreich;
Flandern wird habsburgisch

1507
Mecheln wird Hauptstadt

1500
Der spätere Kaiser Karl V. wird
in Gent geboren

1519
Karl V. wählt Brüssel zur
Hauptstadt

1556
Das Land wird spanisch

1567
Beginn des 80jährigen Krieges
der Spanier gegen die Niederlande

1648
Westfälischer Friede, Teilung
der Niederlande

1795
Flandern wird französische
Provinz

1815
Wiener Kongreß: Königreich
der Vereinigten nördlichen und
südlichen Niederlande

1830
Belgien wird unabhängiges
Königreich, Leopold I. von
Sachsen-Coburg-Gotha erster
König der Belgier

1893
Niederländisch wird neben
Französisch zweite Sprache

1914–1918
Belgien von deutschen
Truppen besetzt

1940–1945
Belgien erneut von deutschen
Truppen besetzt

1951
Baudouin wird mit 21 Jahren
König der Belgier

1957
Brüssel wird Sitz der EG

1960
Belgisch-Kongo (heute Zaire)
unabhängig. Sprachenstreit

1966
Brüssel wird zum Haupt-
quartier der Nato

1993
Belgien wird Bundesstaat, be-
stehend aus Flandern, Brüssel
und Wallonien. Baudouin stirbt,
sein Bruder Albert II. wird König

Von Beginen und Lebenskünstlern

Mittelalterliche Baukunst, Malerei und Genußsucht prägen das Land

Abteien

Der Missionsbischof Sankt Amandus bekehrte im 8. Jahrhundert die Region zum Christentum und gründete die ersten Abteien. Flanderns Klöster waren prägend für die Kultur des Landes. Bekannte Abteien sind *Postel, Oudenaarde, Geraardsbergen* und *St. Truiden.*

Art nouveau

Englisch *modern style*, deutsch Jugendstil; letzter gemeinsamer europäischer Baustil, von drei belgischen Architekten – Victor Horta, Henry van de Velde und Paul Hankar – mitbeeinflußt. Auffallend ist die reiche Verwendung kostbarer Materialien wie Blattgold, Lack, Schildpatt, Glasuren und wertvoller Hölzer. In *Gent* und *Antwerpen*, vor allem aber in *Brüssel* sieht man heute noch eine Vielzahl von Gebäuden, Hotels, Restaurants, Blumenläden und Privathäusern im Stil der Art nouveau und der Art

Der Beginenhof Kortrijk ist einer von ursprünglich siebzig Beginenhöfen in Flandern

deco; ein Name, der sich von der Ausstellung »Arts Décoratifs« (Paris 1925) ableitet.

Beginenhöfe

Es gibt sie immer noch, jene kleinen, von einer Mauer umgebenen Viertel in der Stadt. »Reiche der Stille« nannte man die Beginenhöfe, die alleinstehenden Frauen ein eigenständiges, von Männern unabhängiges Leben erlaubten, ohne ewige Gelübde der Keuschheit und des Gehorsams, wie sie die Nonnen ablegen mußten. Die Beginen, die erstmals im 12. Jahrhundert Erwähnung finden, lebten in einer Art autarker Wohngemeinschaften zusammen, in denen jedes Mitglied für sich selber sorgte und einstand. Sie waren zumeist Damen von Stand, häufig Witwen von Rittern oder Kreuzfahrern oder auch Frauen, die sich der Verbindung mit einem ungeliebten Mann entzogen. Sie widmeten sich der Armenfürsorge und der Erziehung von Mädchen aus dem Volk. Da die Kirche hinter so viel weiblicher Eigenständigkeit »ketzerische« Tendenzen befürchtete, wurden die Beginenhöfe im Jahre 1215 durch das Vierte Lateranische Konzil verboten. Erst 1453 nahm die Kirche die Beginen wieder in ihre Mitte auf. Von den rund 70 Beginenhöfen, die im 17. Jahrhundert ihre größte Zeit hatten, sind jene in *Lier, Löwen, Gent, Kortrijk, Sint Truiden* und *Brügge* erhalten geblieben. Im Beginenhof zu Brügge leben heute Benediktinerinnen.

Comics – 1996 100 Jahre jung

Die gezeichneten Bilderstreifen, kurz BD oder »Bandes Dessinées« genannt, gelten in Belgien als die »neunte Kunst« und genießen ein entsprechendes Ansehen. Rund 60 Prozent aller europäischen Bildergeschichten werden hierzulande hergestellt. Die bekanntesten Comic-Autoren sind *Hergé* (Tim und Struppi), *Edgar Jacobs* (Blake & Mortimer), *Peyo* (Die Schlümpfe) und *Mortimer*, der Vater von *Lucky Luke* und nicht zu vergessen von *Asterix*. Zur jungen Generation zählen Namen wie *Ever Meulen, Schuiten, Comes* und *Kamagurka*. Hier kennt jedes Kind *Suske en Wiske* von *Willy Vandersteen*. Schon 1977 hatte Vandersteen 170 Millionen seiner Comic-Strip-Alben verkauft. Ausdruck der hiesigen Wertschätzung des Comics ist auch, daß es in *Brüssel* das größte Sprechblasen-Museum der Welt gibt.

Diamanten

An den vier *Antwerpener Diamantenbörsen* werden rund 70 Prozent des gesamten Welthandels an Diamanten abgewickelt; 2000 Händler gibt es dafür in Flandern. In den Börsensälen besiegelt man alle Geschäfte noch

Das Antwerpener Diamantenmuseum zeigt die ganze Pracht der funkelnden Steine

mit Handschlag. Eine offizielle Preisliste für die begehrten Steine (von deren Bewertungskriterien *Colour, Clarity, Cut* und *Carat* sich lediglich die Karate objektiv bestimmen lassen) gibt es nicht. Die auf Wunsch ausgestellten Zertifikate sind nur soviel wert wie der Name desjenigen, der sich darin für den Stein verbürgt.

Europäische Union

Brüssel ist Verwaltungssitz der rund 360 Millionen Einwohner umfassenden Europäischen Union (EU). Zehn Amtssprachen existieren offiziell in der EU und damit in Brüssel, doch in der Praxis sind Englisch und Französisch die Verkehrssprachen. Um den polyglotten Anspruch zu wahren, werden jährlich rund 600 000 Seiten übersetzt; die Kosten dafür verschlingen einen Großteil des EU-Etats. Rund 30 000 Beamte, allein der Sprachendienst zählt circa 3000 Übersetzer, sind angestellt; ein Heer gutbezahlter, mit Steuerfreiheit und großzügigen Zuschlägen für Repräsentation und

Lebenshaltung bedachter Gehaltsempfänger — die mit ihren Familien rund 80 Prozent ihres Einkommens in Brüssel selbst ausgeben. Ein weiterer Wirtschaftsfaktor sind die Botschaften und die Büros der Lobbyisten und die mehr als 700 ausländischen Journalisten, die über die EU berichten.

Feinschmecker

Eingeweihte erleben Flandern als sinnliche Erfahrung, in welcher Kunst und Küche bereits vor Jahrhunderten eine äußerst glückliche Symbiose eingegangen sind; das beweisen schon die bacchantischen Werke der flämischen Malerei. Da gibt es die fröhlichen Zecher, die üppigen Festgelage, die naschhaften Köchinnen, die ausgelassenen Hochzeiten, bei denen immer wieder Essen und Trinken eine herausragende Rolle spielen. Tatsächlich gibt es kaum einen Landstrich in Europa, in dem ein Gourmet so zu seinem Recht kommt wie hier. Gourmets sind aber nicht nur diejenigen, die die mit Kochmützen oder Sternen ausgezeichneten Feinschmecker-Restaurants frequentieren; Gourmets bevölkern auch die einfachen Landgasthäuser. Daß es bei der Qualität auf die Sterne nicht unbedingt ankommt, hat Flanderns bekannter Zweisternekoch *Marc Paesbrugghe* bewiesen, er hat kurzerhand seine »Sterne« abgegeben und sein Restaurant in ein feines Bistro umgewandelt, seinem Beispiel folgen auch andere Köche.

Glockenspiele

Beiaarden heißen hierzulande die Glockenspiele, deren Ursprünge bis ins Mittelalter zurückreichen. In *Mecheln* bedient Jo Haazen noch immer die 49 Glocken im Turm der Rombouts-Kathedrale (St. Romuald). Berühmt sind die *Antwerpener Glockenspielkonzerte*, die heutzutage Tausende von Besuchern anziehen. Das »flämische Instrument« ist populär, und es gibt kaum eine Gemeinde, die auf die Attraktion eines Glockenspiels verzichten möchte. In der Königlichen Glöcknerschule zu Mecheln wird der Spielernachwuchs ausgebildet.

Hugo Claus

Belgien ist offiziell dreisprachig; neben dem Französischen und dem Niederländischen wird in einigen Teilen des Landes auch Deutsch gesprochen. Die direkte Nachbarschaft oder gar Konkurrenz mit zwei so »großen« Kultursprachen macht es besonders der niederländischsprachigen Literatur des Landes nicht leicht, internationale Anerkennung zu finden. Gelungen ist das in neuerer Zeit vor allem dem 1929 in Brügge geborenen Hugo Claus mit seinem Roman »*Der Kummer von Flandern*«, in dem er auf 700 Seiten die Geschichte Flanderns zwischen 1939 und 1947 erzählt.

James Ensor

Gemeinsam mit René Magritte (1898—1967) und Paul Delvaux (geb. 1897) gehört der exzentrische Ostender James Ensor zu den großen neuzeitlichen Malern des Landes. James Ensor (1860—1949) gilt als ein Vorläufer des Surrealismus. Er beeinflußte den Expressionisten Emil Nolde. Ensor liebte die pralle flämische Lebenslust, er selbst bezeichnet sich als *armchair traveller*, einen Reisenden, der nur in der Phantasie auf Reisen geht. Er wird wohl gewußt haben weshalb. Im Jahr 1942 ließ Ensor – inzwischen eine bekannte und sehr volkstümliche Gestalt in Ostende – seine eigene Todesanzeige drucken. Der zum Baron geadelte Maler wollte noch zu Lebzeiten seine Nachrufe lesen. Als er dann wirklich starb, wurde sein Begräbnis zum Staatsakt. Minister, Botschafter, Prälaten, Generäle, die Kritiker, die Freunde, die Feinde und die Ostender Fischer folgten dem Sarg. Militärkapellen und Fanfarenkorps spielten, und es läuteten die Glocken der Stadt. »Es war eine einzige Maskerade«, beschreibt ein Augenzeuge den Aufzug, an dem der Schelm Ensor mit dem Blumenhut, Maler des Bildes »Einzug Christi in Brüssel«, sicher seinen Spaß gehabt hätte.

König Albert II.
Nach dem Tode von Baudouin, der am 31. Juli 1993 in seinem spanischen Feriendomizil an einem Herzschlag gestorben war, wurde unerwartet sein jüngerer Bruder Albert zum König der Belgier ernannt. Der 62jährig verstorbene Monarch, ein fleißiger, ernsthafter, katholischer, aber auch zurückgezogen lebender Mann, war den Belgiern ein Symbol der Menschlichkeit und Nächstenliebe. Sein Tod löste eine nationale Welle der Trauer aus. Der 60-jährige Albert II. gilt als lebenslustig, seine Vorliebe für schnelle Autos, Motorräder und durchzechte Nächte hatten einst für Schlagzeilen gesorgt. Verheiratet ist Albert mit der Italienerin Paola Ruffo Di Calabria. Ihre beiden Kinder, Philipp und Astrid, waren von Baudouin als mögliche Nachfolger ausgewählt worden. Obwohl es in der Vergangenheit von Albert mehrere Affären gegeben hat, sind die Belgier mit ihrem neuen König, wie Umfragen bestätigen, zufrieden.

Märkte
Keine flämische Stadt ohne Markt; er ist Bestandteil des öffentlichen Lebens und war stets ein beliebtes Genre flämischer Maler. *Pieter Aertsen, Frans Snijders* und *Joachim Beuckelaer* zählen hier zu den wichtigsten Namen. Die meisten ihrer Arbeiten sind realistische Darstellungen des Alltagslebens im 16. Jahrhundert. Die Wirklichkeitstreue ist so ausgeprägt, daß die Werke mit Namen wie »Fischmarkt«, »Gemüsemarkt«, »Hühnermarkt«, »Frau mit Fisch« oder »Bauern auf dem Markt« verläßliche Quellen darstellen zur Erforschung der historischen Lebensumstände jener Epoche.

Religion
Die römisch-katholische Konfession ist über die Jahrhunderte eng mit dem Leben in Flandern verbunden gewesen. In keinem anderen nordeuropäischen Land sind auch die steingewordenen Zeugnisse des Glaubens so zahlreich vertreten. Von der Taufe an über den Kindergarten, die Schule, das Krankenhaus, die Universität, die Politik ist das gesamte öffentliche Leben mit katholischer Tradition verwoben. 83 Prozent der Bevölkerung sind Katholiken, und obwohl nur noch einer von fünf Belgiern zur Kirche geht, ist der organisierte Katholizismus noch spürbar im

öffentlichen Leben verankert. Ferner leben in Belgien 200 000 Moslems, 35 800 Juden und 20 000 Protestanten.

Sieben Meisterwerke

Sie alle repräsentieren Flanderns kulturelles Erbe des Mittelalters. Da ist zunächst der »Genter Altar« von *Hubert und Jan van Eyck*. Der aus 20 Eichenholztafeln bestehende Flügelaltar der Kathedrale St. Bavo in *Gent* beeindruckt durch seine Farbenfreude und Detailtreue. Mit ihrer Darstellung der »Anbetung des Lammes« haben die Künstler den Versuch unternommen, die christliche Erlösungslehre darzustellen. Ein herausragendes Kunstwerk ist auch der »Ursulaschrein« im Johanneshospital in *Brügge*. Die Bildergeschichte erzählt vom Leben der heiligen Ursula, die nach einer Pilgerfahrt vor den Toren Kölns zusammen mit ihren 1100 Begleiterinnen das Martyrium erlitt. Zu den Meisterwerken der Malerei zählt die »Landschaft mit dem Sturz des Ikarus« von *Pieter Breughel* in den Königlichen Museen für Schöne Künste in *Brüssel*. Das Werk entstand zwischen 1555 und 1563 und offenbart sich als Mikrokosmos geheimnisvoller Kräfte. Ebenfalls weltberühmt ist die »Kreuzabnahme« von *Peter Paul Rubens* in der Antwerpener Liebfrauen-Kathedrale. Weitere bedeutende Kunstwerke: das Taufbecken von *Renier de Huy* in der St. Bartholomäus-Kirche in *Lüttich,* der Marienschrein von *Nikolaus von Verdun* im Liebfrauendom von *Verdun* und der Kirchenschatz von *Hugo d'Oignies* im Kloster von *Namur* im wallonischen Teil Belgiens.

Sprachenstreit

Quer durch das Land verläuft in ost-westlicher Richtung, von der französischen Grenze bis nach Aachen, die Sprachgrenze. Nördlich derselben wird Niederländisch (»Flämisch«) gesprochen, auf der anderen Seite Französisch (»Wallonisch«). Niederländischsprachig sind die Provinzen West- und Ostflandern, Antwerpen, Limburg und das nördliche Brabant. Die Provinz Brabant stellt einen Sonderfall dar; sie besteht nämlich aus dem flämischen und dem wallonischen Brabant, und in ihr liegt das zweisprachige Brüssel. Im Jahr 1961 wurden die Sprachgrenzen offiziell festgeschrieben, was den Streit zwischen den beiden Parteien nicht unbedingt beigelegt hat. Der Sprachenstreit hatte in der Vergangenheit zahlreiche Regierungen zu Fall gebracht.

In den Ostkantonen (*Eupen* und *Malmedy*) sprechen zudem noch rund 70 000 Bewohner Deutsch. Bedingt durch die Dreisprachigkeit bestehen alle Parteien, der Hörfunk, das Fernsehen und andere Organisationen gleich dreimal nebeneinander.

Tapisserie

Die Wandteppiche (Gobelins) sind auffallend prächtig gewebte Bilder biblischen oder mythologischen Inhalts. Gobelins fehlten in keinem adeligen Haushalt. *Brüssel, Oudenaarde* und *Tournai* waren die wichtigsten Zentren flämischer Bildweberei. Flämische Weber arbeiteten in Holland, England und Italien. Rubens und andere flämische Maler entwarfen Vorlagen (Cartons) für die Wandteppiche.

Flandern, ein Schlemmerland

Die reichhaltige und gute flämische Küche macht selbst die Franzosen neidisch

Wer nach Flandern fährt, unternimmt auch eine gastronomische Reise. Alle Flamen essen gern, sie lassen sich Zeit dazu, sind wählerisch, genießen in großem Kreis und sind auch bereit, entsprechend tief in die Tasche zu greifen: Qualität hat eben ihren Preis.

In *Ostende, Brüssel, Brügge* oder *Antwerpen* wird gleichermaßen ausgezeichnet gekocht, und der dortige Service setzt Maßstäbe. Essen muß ein Fest sein, vergleichbar mit einem Konzert, dem Auftritt eines Virtuosen. Und an kulinarischen Virtuosen besteht kein Mangel, genießt doch ein Meisterkoch in Flandern mehr Ansehen als ein Minister. Die Grundlage der flämischen Küche bilden in erster Linie die eigenen landwirtschaftlichen Erzeugnisse. Es sind qualitativ hochwertige Produkte, auf die die Köche gerne zurückgreifen. Der Fisch (Seezunge oder Scholle) kommt fangfrisch von Zeebrugge oder Ostende, die

Muscheln, Austern und der Hummer aus dem benachbarten Seeland. Hasen und Fasane liefert die eigene Jagd, das Gemüse kommt aus den eigenen Gärtnereien, das Fleisch von den freigrasenden Schweinen und Rindern des fetten Polderlandes, oder aus Frankreich.

Der Flame beginnt den Tag mit Brot und Schinken. Tagsüber löffelt er gerne eine Suppe, bei der der Kerbel nicht fehlen darf. Die Kartoffel ist wichtiger Bestandteil eines Essens, sei sie gekocht, gebacken oder fritiert. Pommes frites werden fast zu jedem Essen gereicht. Flandern ist ein Suppen- und Pommes-frites-Land. Auffallend die vielen Pommesbuden an den Märkten und entlang der Straßen.

Die Flamen trinken gerne in Gesellschaft, daher findet man sie auch oft in den Cafés. Ein Café ist eine Kneipe, in der man Bier und Genever trinkt und Kleinigkeiten wie ein Sandwich, eine Suppe oder auch selbstgebackenen Kuchen essen kann. Kaffee und Tee trinkt man am besten in der Cafeteria oder im *Salon de Thé.*

Einen »plötzlichen Tod« verheißt diese Brasserie in Brüssel

Durch Flandern führen verschiedene »Gastronomische Routen«:

Erdbeerroute

Ein 50 km langer Fahrradweg entlang den Erdbeerplantagen und Treibhäusern in Hoogstraten. *Dienst voor Toerisme, Stadhuis, Hoogstraten, Tel. 03/34 01 95 5*

Gueuzeroute

Durch den Norden des Pajottenlandes führt der 50 km lange Auto- oder Radweg. Besucht werden können fünf Bierbrauereien. *Dienst van Lennik, Oude Pastorie, Gaasbeek, Tel. 02/53 25 75 8*

Hagelandroute

Ein 122 km langer Rundweg durch die bäuerliche Landschaft, vorbei an Baum- und Weingärten. *Dienst voor Toerisme, Grote Markt 4, Tienen, Tel. 016/81 97 85*

Gastronomische Entdeckungsreise durch das Land der Leie

Die 60 km lange Route führt am Ufer der Leie entlang durch die Künstlerdörfer Latem, Astene, Deurle und Afsnee. *Dienst voor Toerisme, Markt 21, Deinze, Tel. 091/86 23 23*

Hopfenlandroute

Empfehlenswert zur Hopfenblüte im Frühjahr. Eine 54 km lange Tour durch die Hügellandschaft entlang der französischen Grenze. *Dienst voor Toerisme, Stadhuis Grote Markt 1, Poperinge, Tel. 057/33 40 81*

Flämische Spezialitäten

Im Frühjahr Hopfensprossen, zur Jagdsaison Wildschweinbraten, flämischer Kabeljau oder das Nationalgericht der Flamen, *»Frites met mosselen«* (Pommes frites mit Muscheln) — die Vielfalt Flanderns spiegelt sich auch im Speiseplan wider:

Flämische Spezialitäten erhalten ihre besondere Würze durch die Verwendung von Bier. So etwa *Soupe de Brasseurs* (Brauersuppe), *Brochet à la Gueuze* (Hecht in Gueuze-Bier). Mechelner Spargel und Rosenkohl sind weitere Spezialitäten, außerdem der Brüsseler Chicorée oder auch Endivien. Salat wird daraus bereitet oder er wird geschmort zu Huhn serviert.

Köstlich schmeckt in Limburg Kaninchen mit Weißwein und Johannisbeer-Konfitüre, berühmt ist die *Kersensoep* (Kirschsuppe) in St. Truiden ebenso wie Kaninchen mit Pflaumen, eine Spezialität, bei der das Fleisch einen Tag zuvor in Karotten, Zwiebeln, Thymian, Lorbeerblättern und Weinessig eingelegt wird. Kräftig ist die Specksuppe, eine zarte Delikatesse die Schneckensuppe.

In der Provinz Limburg genießt man Aal in allen möglichen Zubereitungsarten. Am bekanntesten ist Aal grün *(Paling in het groen)*. In Gent und Brügge ißt man *Hochepot* oder *Waterzooi*, eine kräftige Suppe, zubereitet aus Fisch oder Huhn. Und natürlich gibt es den fangfrischen Seefisch, etwa pochierten Steinbutt, Polderkartoffeln mit Garnelen und Steinbutt nach Kortrijker Art.

Dies ist nur die Spitze eines kulinarischen Eisberges, denn die Köche richten sich bei der Zubereitung nach der Jahreszeit und danach, was ihnen die Bauern, Fischer oder Gärtner ins Haus liefern. Jedes empfehlenswerte Restaurant hält sich seine Hauslieferanten. Aber Vorsicht: Die Qualität hat ihren Preis, gut essen und trinken lassen sich die Menschen etwas kosten.

Flandern ist auch Käseland. Allein Westflandern bietet eine Auswahl von 20 verschiedenen Ziegenkäsen. Auf traditionelle Art werden *Beauvoorde* und der sahnige *Wijnendale* hergestellt. Würzig schmeckt der *Nazareth* aus dem gleichnamigen Dorf, aus Gent kommt der Hartkäse *Hinkelspel*. Mild schmecken die Abteikäse von Postel und Westmalle.

Getränke

Glaubt man der Statistik, wird pro Kopf der Bevölkerung nirgendwo mehr Champagner getrunken als hier. Aber Flamen verschmähen auch Kräuterliköre und Genever nicht und sind stolz auf ihre rund 300 Biere. Da gibt es Biersorten mit so wohlklingenden Namen wie »Koninck«, »Strammer Heinrich«, »Verbotene Früchte« oder auch *Mort subite* (plötzlicher Tod). Da gibt es das bittersüße *Duvel*, das säuerliche *Gueuze* und die fünf »echten Trappistenbiere«. Einen sehr raffinierten Geschmack verkörpert das mit Kirschen gebraute *Kriek*, stark und kräftig mundet das Jahrgangsbier *Hoegaarden Grand Cru.*

Zur Trinkkultur zählt auch der Genever (*wittke* genannt; »kleiner Weißer«); ein Schnaps, der aus Wacholderbeeren und 42 weiteren Kräutern gebrannt wird und dessen Alkoholgehalt je nach Sorte zwischen 30 und 52 Prozent variiert. Die meisten Brennereien stehen in Limburg, Antwerpen und Ostflandern.

Kleiner gastronomischer Führer

Viele Restaurants folgen der französischen Tradition; ihre Speisekarten sind häufig Französisch. Nachfolgend ein kleiner Sprachführer in Französisch, Deutsch und Flämisch:

Agneau: Lamm (Lamsvlees)

Anguilles au vert: Aal in grüner Soße (Paling in het groen)

Bisque de homard: Hummersuppe (Zeekreeft)

Bœuf braisé à la mode: Geschmortes Rindfleisch (Rundvlees)

Brochette mixed grill: Bratspieß (Braadspit)

Canard: Ente (Eend)

Champignons farcis: Gefüllte Pilze (Gevulde paddestoelen)

Chicorées de Bruxelles: Brüsseler Endivien (Witlof)

Coquilles St. Jaques: Jakobs-Muscheln (Mosselen)

Escargots: Schnecken (Slakken)

Faisan: Fasan (Fazant)

Foie d'oie frais: Frische Gänseleber (Ganzenlever)

Gaufres de Bruxelles: Brüsseler Waffeln (Wafels)

Gibiers: Wild (Wild)

Glace: Eis (IJs)

Huitres: Austern (Oesters)

Moules: Muscheln (Mosselen)

Jambon: Schinken (Ham oder Hesp)

Lapin: Kaninchen (Konijn)

Paté du patron: Hausgemachte Pastete (Pastei)

Poularde: Huhn (Kip)

Poire: Birne (Peer)

Poisson: Fisch (Vis)

Saumon: Lachs (Zalm)

Sole: Seezunge (Tong)

Tarte: Kuchen (Taart)

Tarbot: Steinbutt (Tarbot)

Truite: Forelle (Forel)

Waterzooi de volaille: Waterzooi vom Huhn (Waterzooi met gevogelte)

Juwelen, Spitze und Pralinen

Von alt bis edel: Auf Märkten, in Einkaufsstraßen und Spezialgeschäften finden Sie alles

Einkaufen als Erlebnis; Spaß macht es, im Durcheinander der Märkte zu wühlen. Da herrscht kein Mangel, weder an Trödel noch an Exklusivem, es gibt Delikatessenläden hinter alten Fassaden, moderne Passagen, Warenhöfe. Ob in Handarbeit gefertigte Spitze, kostbare Wandteppiche, Brillantschmuck, liebenswerter Schund, Modisches, Kräuterlikör oder die feinen Pralinen, jene sündhaft schmackhaften, süßen, verderblichen Mitbringsel. In den Einkaufszonen der Innenstädte – meist autofrei – findet man gut sortierte Lebensmittelläden. Zum Schaugenuß und zum Kauf bieten sich in reicher Auswahl Antiquitäten an: Silber und Kristall, Gläser, Porzellan, Spiegel, Uhren, Bilderrahmen oder Möbel. Es lohnt, die Augen stets offen zu halten, denn oft gibt es qualitativ Hochwertiges zu entdecken.

Märkte

Flandern ist das ideale Ziel für jene, die gerne über Märkte bummeln. Jeden Tag ist irgendwo Markt. Flohmarktfans kommen am Sonntagmorgen auf dem *Vogelmarkt* in Antwerpen oder auf dem *Freitagsmarkt* in Gent auf ihre Kosten. Spielzeug, abgetragene Kleider, Waffen und Hühner werden dort gehandelt. Dann wieder gibt es Blumen- und Obstmärkte, etwa am Sonntagmorgen in Brüssel oder Gent und in anderen Städten. Die Märkte von Flandern zählen mit zu dem schönsten, was europäische Städte zu bieten haben. Und ungewöhnlich sind sie alle. Etwa der *Trödelmarkt* im historischen Zentrum von Brügge oder die ausgefallenen *Antiquitätenmärkte* auf dem *Grote Zavel* in Brüssel, auf dem *Vrijdagsmarkt* und dem *Groentemarkt* (Gemüsemarkt) von Gent. Mehr als 100 Märkte zählt Flandern. Und alle haben sie Flair, sind sie Fundgruben, ein Fest fürs Auge, eine Motivsammlung für Fotografen und Videofilmer.

Shopping-Viertel

Die Boulevards, die Einkaufszentren in den Innenstädten von Brügge, Löwen, Mecheln, Kort-

Flandern, Land der Trödelmärkte

»Vogelmarkt« in Antwerpen

rijk, Hasselt, Antwerpen und Brüssel sind eine gelungene Mischung aus Fachgeschäften, Cafeterias, Restaurants und Souvenirläden. Ein Bummel über Antwerpens *Meir* oder *Keyserlei* oder Brüssels *Waterloolaan* und *Naamsestraat* sei stellvertretend für all die vielen Einkaufsstraßen empfohlen — das gehört ganz bestimmt zum Pflichtprogramm eines Besuchers. Ein besonders schmackhaftes Mitbringsel sind belgische Pralinen, Bäckereien und Konditoreien verkaufen oft selbstgemachte Pralinen.

Und was gibt es nicht alles zu kaufen! Das beginnt bei der Schokolade und endet bei Diamanten. Typische flämische Produkte sind Spitzen *(kant)*, geklöppelte Kunstwerke. Die belgische Mode, schöne Wäsche oder ausgefallene Schuhe sind inzwischen so begehrt, daß man diese Produkte stolz mit dem Markenzeichen *dit is belgisch* versieht. Die Boutiquen der engagiertesten Modedesigner findet man in Gent, Knokke-Heist und Antwerpen, aber auch in Brüssel. Freunde von Spielkarten finden in Turnhout ein großes Angebot. In Limburg und Mecheln findet man eine große Auswahl an feinem Kunsthandwerk; kostbare Wandteppiche und Flachsleinen werden in Kortrijk verkauft, geklöppelte Spitzen in Brügge, Brüssel und Mecheln. In zahlreichen Läden wird auch Spitze aus Fernost feilgeboten; handgearbeitete Spitze ist teurer und wird mit Zertifikat verkauft. In Brügge kann man sich im *Kantmuseum* über Spitze informieren lassen. Und immer wieder geraten Sammler kostbarer und seltener Antiquitäten ins Schwärmen: Wer sucht, wird in den zum Teil sehr traditionsreichen Läden immer etwas entdecken.

Souvenirs

Ein Souvenir kann selbstverständlich alles sein, doch am beliebtesten und dazu typisch flämisch sind: Schokolade, Pralinen, Spekulatius, Spielkarten, Brillanten, Spitze, Zinn, Kristall, Käse und die Spezialbiere mit den dazugehörigen Gläsern, deren oft sonderbare Namen Ausdruck des heiteren flämischen Lebensgefühls sind.

Geschäftszeiten

In Flandern kennt man keine starren Ladenschlußzeiten, da kann es passieren, daß auch abends noch Geschäfte geöffnet haben. Allgemein gilt: Von Montag bis Samstag von 9 bis 18 Uhr, am Freitagabend bis 20 oder 21 Uhr. Kleinere Einzelhändler, Metzger und Bäcker haben auch am Sonntagvormittag geöffnet. Einige Geschäfte machen zwischen 12 und 14 Uhr Mittagspause. Kreditkarten und Euroschecks werden fast überall akzeptiert; Währungseinheit ist der Belgische Franken (bfr).

Prozessionen und Festivals

Flandern kennt mehr als 800 Volksfeste, Umzüge, Musikfestspiele und kirchliche oder weltliche Dorffeiern

Die Flamen feiern nicht nur gerne und oft; sie nehmen die Märkte, Prozessionen und Volksfeste auch ernst und freuen sich über Gäste, die fröhlich mit ihnen feiern. Besonders großes internationales Ansehen hat inzwischen auch das »Festival van Vlaanderen« erlangt – ein kulturelles Mammutprogramm.

GESETZLICHE FEIERTAGE

1. Januar: *Neujahr*
Ostersonntag, Ostermontag
1. Mai: *Tag der Arbeit*
Christi Himmelfahrt
Pfingstsonntag, Pfingstmontag
11. Juli: *Nationalgedenktag der Flamen*
21. Juli: *Nationalfeiertag*
15. August: *Mariä Himmelfahrt*
1. November: *Allerheiligen*
11. November: *Waffenstillstand*
25./26. Dezember: *Weihnachten*
An diesen Tagen sind Geschäfte und Banken geschlossen

FESTE UND FESTIVALS

Februar
Flandern zählt ebenso wie Köln oder Mainz zu den Hochburgen des Karnevals. So gibt es etwa in *Aalst* rund 100 närrische Vereine. Weltruf genießt der ✪ »Ball der toten Ratten« im Casino von *Ostende*. Das Großereignis mit 4000 Kostümierten findet am Sonnabend nach Fastnacht statt. In *Geraardsbergen* ziehen Bürgermeister, Ratsherren und der Pastor gemeinsam mit den Bürgern am ersten Fastensonntag zur Wallfahrtskapelle auf den Oudenberg. Am Abend wird dort ein großes Feuer entzündet. In *Limburg* wird Karneval als »Halbfastenfest« – drei Wochen vor Ostern – gefeiert.

April
»Fest vom Goldenen Ei« mit Wahl der Eikönigin. *Kruishouten* (drittletzte Woche)

Mai
Brügge: ★ »Heiligblutprozession«, biblische Szenen in 27 Bildern und mit 2000 Laiendarstellern (Christi Himmelfahrt); »Fest des Goldenen Baumes«, historischer Umzug, erinnert an die Hochzeit der Margareta von York mit Karl dem Kühnen (alle 5 Jahre; das nächste Mal 1996).

Berühmtester religiöser Umzug: die Heiligblutprozession in Brügge

Ypern: ♰»Katzenfest« mit 1700 Musikanten, Tänzer und Spielern (zweiter Sonntag).
Mecheln:»Hanswijk-Prozession«, historisch-religiöser Umzug mit rund 2 000 Personen in alten Kostümen (dritter Sonntag).

Juni

♰ ★ *Krabbenfest in Oostduinkerke;* (drittes Wochenende).
Meeresweihe und Umzüge durch *Ostende,* mit Bootsparade (letzter Sonntag).

Juli

Spektakulärer ★ *Ommegang* (Umzug) auf der *Grand' Place in Brüssel,* erinnert an den Einzug Kaiser Karls V. im Jahr 1549 (erste Juliwoche).
De Gentse Feesten, 10 Tage Stadtfest in Gent (dritte Woche).
Godelieveprozession in *Gistel,* zur Erinnerung an den Tod der Heiligen (zweiter Sonntag).
11. Juli, Nationalgedenktag in Flandern zur Erinnerung an den Sieg in der Goldenen-Sporen-Schlacht, 1302.
Bußprozession in *Veurne;* der historische Umzug geht auf 1644 zurück (letzter Sonntag).

August

»Festival van Vlaanderen«; mehr als 300 Aufführungen weltbekannter Ensembles. Auskunft: *Festival van Vlaanderen, Alg. Sekretariat, Eugen Flageyplein 18, B-1050 Brüssel.* Europas größtes Open-air-Rockfestival findet in *Torhout* und *Werchter* statt. Rund 120 000 Besucher.
★ »Umzug der Riesen« in *Dendermonde* (letzten Do). »Blumenkorso« in *Blankenberge,* Ende der Badesaison letzter Sonntag

September

♰ »Tag der offenen Tür«, Kulturdenkmäler wie Schlösser, Burgen, Rathäuser, Parks, Bauernhöfe, die allgemein nicht zugänglich sind, können besichtigt werden: Zweiter So. Info: *Tina Vandensande, Rue de Bréderode 21, B-1000 Brüssel, Tel. 02/5111840*
♰ »Breughelfest« im *Brüsseler Marollenviertel* (drittes Wochenende).

Dezember

Weihnachtsmärkte in *Brüssel, Antwerpen, Grimbergen, Löwen.*
Mitte Dezember Europäischer Weihnachtsmarkt in *Brüssel.*

MARCO POLO TIPS FÜR FESTE

1 Heiligblutprozession in Brügge
So wurden im Mittelalter siegreiche Krieger gefeiert (Seite 25)

2 Krabbenfest in Oostduinkerke
Das größte sommerliche Volksfest an der Küste (Seite 27)

3 Ommegang in Brüssel
Die Grand'Place bot einst den stilvollen Rahmen für den Einzug von Kaiser Karl V. (Seite 27)

4 Riesenumzug in Dendermonde
Historisches Spektakel und burleske Volksszenen (Seite 27)

Flanderns Metropole an der Schelde

Weltstadt des Diamantenhandels und europäische Kulturstadt, Stadt des Mittelalters und der Renaissance

Es gefällt mir sehr gut in dieser Stadt, die Menschen haben einen ausgesprochenen Sinn für Feste, gemütlich ist es am Abend, wenn jeder vor seiner Tür sitzt, selbst mit Regenschirmen, wenn es regnet.« Dies schrieb Wilhelm Busch an seine Eltern. Er studierte damals an der Akademie der Scheldestadt. Heute sitzen nur noch in einigen volkstümlichen Vierteln die Bewohner auf der

Zeugen von Antwerpens Größe: Liebfrauenkathedrale und Rubensstandbild

Straße, um miteinander zu *klappen*, zu schwatzen, wie es Busch erlebt hat. Daß Antwerpen dennoch eine außergewöhnliche Stadt ist, beweisen die hohen Besucherzahlen. Mehr als zwei Millionen Übernachtungen werden jährlich in der Halbmillionenstadt gezählt. Der Hafenstadt sind fremde Völker vertraut, und das verleiht ihren Bürgern einen weltoffenen Charakter. Auf den Märkten wird dies ebenso deutlich wie im Diamantenviertel. Das Judenviertel, links und rechts der hoch gelegenen Bahntrasse, ging schon in die Literatur

Hotel- und Restaurantpreise	
Hotels	**Restaurants**
Kategorie 1: ab 5000 bfr	*Kategorie 1:* ab 1350 bfr
Kategorie 2: ab 2600 bfr	*Kategorie 2:* ab 900 bfr
Kategorie 3: ab 1200 bfr	*Kategorie 3:* ab 500 bfr
Die Preise gelten für zwei Personen im Doppelzimmer mit Frühstück. Günstiger sind Pauschalangebote. Den Katalog »Flandern Urlaubsland« gibt's beim Verkehrsamt (S. 90).	Die Preise gelten für ein einfaches dreigängiges Menü. In den anspruchsvolleren Restaurants muß im Schnitt mit 250 Mark für zwei Personen ohne Wein gerechnet werden.

ein: Antwerpen ist die größte Talmudstadt Europas. Antwerpens Liberalität hat Tradition, die ersten Luther-Bibeln wurden hier gedruckt, im Zentrum der spanischen Macht notabene, und hier setzte man sich verbissen gegen die geistige Unterdrückung durch die Spanier zur Wehr. Hier konnte ein Rubens arbeiten, hier wandte man sich ebenso energisch gegen die calvinistischen Bilderstürmer wie gegen die deutsche Besatzung im Zweiten Weltkrieg. Zum städtischen Leben gehören rund 1800 *Cafés* und Restaurants, die flämi-sches Leben in seinen freundlichen und vertraulichen Augenblicken verkörpern.

Ihren Namen leitet die Stadt, die ihren Aufstieg dem Niedergang von Brügge und Gent zu danken hat – noch immer herrscht erbitterte Rivalität zwischen den drei Städten – von dem niederdeutschen Wort für Wohnhügel ab. Antwerpen bedeutet »Stadt an der Werp«.

Die Auseinandersetzungen zwischen Katholiken und Calvinisten schwächten seit dem 16. Jahrhundert die einst mächtige Stadt; der Freiheitskampf gegen

MARCO POLO TIPS FÜR ANTWERPEN

1 Centraal Station
Ein Eisenbahnpalast – gekrönt von einer gläsernen Kuppel – aus der großen Zeit, als das Bahnfahren noch ein Erlebnis war (Seite 31)

2 Grote Markt
Marktplatz, der den Glanz und die Glorie von Antwerpens »Goldenem Jahrhundert« ausstrahlt. Mittelpunkt das Renaissance-Rathaus (Seite 31)

3 Mecheln
In der ehemaligen Hauptstadt des Landes »fällt die Musik aus dem Himmel«: Weltberühmt durch ihre Glockenspiele (Seite 38)

4 Freilichtmuseum Middelheim
In einer weiten Park- und Gartenlandschaft stehen rund 300 Bildobjekte und Statuen (Seite 33)

5 Lier
Provinzstadt mit viel Charme und noch mehr Historie. Hier schrieb Felix Timmermans seinen »Pallieter« (Seite 38)

6 O. L.-Vrouwekathedraal
Die höchste, größte und wohl auch interessanteste Kathedrale des gesamten »niederen Lande«. Im Innern monumentale Rubenswerke (Seite 31)

7 Oude Vaartplaats
Bekannt unter dem Namen »Vogelmarkt« ist der sonntägliche Flohmarkt ein Muß für Liebhaber von Gedränge und Gewusel (Seite 34)

8 Plantin-Moretus
In dem Druckereimuseum aus dem 16. Jh. stehen noch die alten Handpressen (Seite 33)

die Spanier und schließlich die Blockade der Schelde durch die Holländer beendeten die Blütezeit Antwerpens. Der Großteil der Handelsleute zog nach Norden: Der Aufstieg von Amsterdam ist eng mit dem Niedergang von Antwerpen verbunden. Im 17. Jahrhundert erlebte die Stadt mit *Rubens, Jordaens* und *Van Dijk* noch einmal einen kulturellen Höhepunkt. Im 19. Jahrhundert begann ihr erneuter wirtschaftlicher Aufschwung, als Napoleon den Hafen »als Pistole gegen das Herz von England« ausbauen ließ. Internationales Prestige erhielt Antwerpen mit den Weltausstellungen von 1885, 1894 und 1930 und dem Ausbau zum Diamantenzentrum. Heute werden in Antwerpen jährlich für 24 Miliarden Mark Diamanten umgeschlagen. Als »Kulturstadt Europas« erlebte die Rubensstadt 1993 den internationalen Durchbruch. (**F 2**)

BESICHTIGUNGEN

Altstadt
Der historische Stadtkern erstreckt sich rund um die *Liebfrauen-Kathedrale*, den *Grote Markt* und den *Groenplaats* mit seinen zahlreichen Terrassencafés. Als städtebauliches Kleinod im Stil der Hochrenaissance gilt der ★ Grote Markt mit seinen Gildehäusern und dem Rathaus im Renaissance-Stil (1561–1565). Unweit vom Markt der *Vlaeykensgang*, ein winziger Steg aus dem 16. Jahrhundert mit einem Bistro neuen Stils, mit Antiquitätenläden und Galerien. Zwischen gotischem Fleischhaus (seit 1913 Museum für Stadtgeschichte) und Schelde entstan-

den nach der Zerstörung der Altstadt durch deutsche Raketen moderne Wohnbauten. In der *Oude Beurs Nr. 16* steht *Den Spieghel*, ein Kaufmannsturm.

Brabo-Brunnen
Als Blickfang steht dieses monumentale Denkmal aus dem Jahr 1887 auf dem *Grote Markt*. Die abgeschlagene Hand der Riesen Antigomus, die der Held Alvius Brabo in die Schelde schleuderte, hat der Legende nach der Stadt zu ihrem Namen verholfen: Antwerpen = »Hand werpen«.

Centraal Station
★ Der Hauptbahnhof zählt zu den eindrucksvollsten Denkmälern des Eisenzeitalters. Die 75 Meter hohe Kuppel des neogotischen, 1895–1905 erbauten und inzwischen renovierten Gebäudes erinnert an ein antikes türkisches Badehaus. Ein besonderes Erlebnis ist der restaurierte Wartesaal mit Ausschank, in Gleishöhe links. *Königin Astridplein*

Onze Lieve-Vrouwekathedraal
★ Die Liebfrauenkathedrale, die größte Kirche mit dem höchsten Turm in den gesamten Niederlanden, wurde im Stil der Brabanter Gotik auf den Grundmauern einer romanischen Kirche errichtet, deren Anfänge bis ins Jahr 1124 zurückgehen. Im Chor der fünfschiffigen Basilika, die 16 000 Menschen Platz bietet, ist ein Teil des monumentalen Triptychons von Rubens' »Aufrichtung des Kreuzes« zu sehen; ein weiteres Teilstück wird restauriert. Das Porträt der Maria Magdalena gehört zu den eindrucksvollsten Malereien. Mehr als 600 Stufen führen zur Aus-

sichtsplattform des 123 Meter hohen gotischen Turmes, der zwischen 1420 und 1521 erbaut wurde. Der zweite Turm konnte wegen Geldmangels nicht vollendet werden. Am Montagabend erklingt vom Turm ein Glockenspielkonzert; eine Attraktion für Tausende von Zuhörern. *Mo—Fr 10—17 Uhr, So 10—15 Uhr, Eintritt 60 bfr. Handschoenmarkt*

Stadtpark

⚐ ☉ Rund um das Denkmal des flämischen Dichters *Jan van Beerse* wandern, vertieft in ihre Lektüre oder in ein Gespräch, Männer mit schwarzen Hüten und langen schwarzen Mänteln: die Chassidim. Der Stadtpark ist für Juden und Christen gleichermaßen ein beliebter sonntäglicher Treffpunkt. *Rubenslei*

Steen

Die 700 Jahre alte Burg beherbergt das ⚐ Schiffahrtsmuseum, der einst größten nordeuropäischen Hafenstadt. Die Burg gilt als Keimzelle Antwerpens. Von den Normannen im 9. Jahrhundert zerstört, wurde sie 1200 und erneut um 1520 verstärkt. Im 18. Jahrhundert diente die Burg als Gefängnis. Der Steen liegt zwischen der *Noorder-* und *Zuiderterras*. Von hier aus hat man einen schönen Blick über die mächtige Schelde. Die architektonisch interessante Hafenfront, bis 1992 als Parkplatz zweckentfremdet, ist nun Teil des Projektes »Stadt am Strom«. *Di—So 10 bis 17 Uhr, Eintritt 75 bfr, Steenplein*

Zoo

⚐ ☉ Der Tierpark *(Dierentuin)*, direkt neben dem Hauptbahnhof und 1843 eröffnet, zählt zu den bekannteren Attraktionen der Stadt. Neben einem Reptilienhaus, einem Aquarium und einem Delphinarium findet man dort auch noch ein *Nocturama*, in dem sogenannte Nachttiere zu sehen sind. Ergänzt wird der Park von einem *Naturhistorischen Museum* (1885) und einem *Ägyptischen Tempel. Tgl. 8.30—17 Uhr, im Sommer bis 18.30 Uhr, Eintritt 425 bfr, Kinder 265 bfr, Koningin Astridplein (am Bahnhof)*

MUSEEN

Dagbladmuseum (Tageszeitungsmuseum)

Die Geschichte der Tageszeitung nimmt in diesem Privatmuseum den zentralen Platz ein. Von den zwei Millionen Tageszeitungs-Titeln, die es auf der Welt gibt, befinden sich auch die kleinste (12 × 8 cm) und die größte (2,5 × 1,3 m) in der Ausstellung. *Fr—So 11—17 Uhr, Eintritt 100 bfr, Lombardenvest 6*

Diamantenmuseum

Wer sich für Brillanten interessiert, sollte einmal der Arbeit eines Diamantenschleifers zusehen. Die Geschichte der Schmucksteine und eine Kollektion von seltenen Kleinodien vervollständigen die Ausstellung. *Tgl. 10—17 Uhr, Eintritt 200 bfr, Lange Herentalsestraat 31—33*

Königliches Museum der Schönen Künste (Konninklijk Museum voor Schone Kunsten)

Eines der wichtigsten Museen der Stadt, ein wichtiger Bau im Kolonialstil, in dem rund 1000 Werke alter Meister gezeigt werden, die eine Übersicht über 500 Jahre Malerei vermitteln. Zu sehen sind u. a. flämische Meister wie Breughel, Hans Memling, Jan van Eyck, aber auch Rubens, Jordaens und Lucas Cranach. Vervollständigt wird die Sammlung durch rund 1500 Werke des 19. und 20. Jahrhunderts, darunter die belgischen Surrealisten und Expressionisten wie Permeke, Wouters und Delvaux. *Tgl. außer Mo 10–17 Uhr, Eintritt 150 bfr, Leopold de Waelplaats*

Freilichtmuseum Middelheim (Openluchtmuseum)
★ ☯ Vor den Toren der Stadt, inmitten einer 12 ha weiten Parkanlage, finden in den Jahren mit ungerader Zahl (1991, 1993) die Biennale für die Bildhauerkunst statt. Mehr als 300 Skulpturen, darunter solche von Henry Moore, Jean Arp, Barbara Hepworth und Alberto Giacometti gibt es dann im Grünen zu bewundern. *Di–So 10–17 Uhr, Sommer bis 20 Uhr, Eintritt frei, Middelheimlaan 61, Bus 27, 32, Tram 7, 15*

Sammlung Mayer van den Bergh
Diese Privatsammlung im Stadtpalast des leidenschaftlichen Kunstsammlers ist berühmt wegen der Breughel-Kollektion. Bekanntheit genießt auch die »Christus-Johannes-Gruppe«, eine Darstellung im Geist der mittelalterlichen Mystik. Außerdem umfaßt die Sammlung viele Skulpturen, Möbel, Goldschmiedearbeiten etc. *Di–So 10–17 Uhr, Eintritt 75 bfr, Gasthuisstraat 19*

Museum für zeitgenössische Kunst (Museum voor Hedendagse Kunst)
Abgekürzt nennt sich das Haus »Muhka« und bildet seit seiner Eröffnung das Zentrum eines Kunstviertels in Hafennähe. Das Haus zeigt über mehrere Stockwerke verteilt die Kunstexponate der Neuzeit. Regelmäßig internationale Ausstellungen. *Leuvensestraat 32, Di–So 10–17 Uhr, Eintritt 100 bfr*

Plantin-Moretus
★ Der interessante Stadtpalast der Familie Plantin-Moretus, heute Druckereimuseum, zählt zu den eindrucksvollsten Häusern seiner Art. In einem prunkvollen Palast mit Innengarten (16. Jh.) sind Arbeits- und Wohnräume der berühmten Buchdruckerfamilie vereint. Die Räume beherbergen eine mit Leder ausgeschlagene Bibliothek, einen Drucksaal mit 16 Handpressen, auf denen jährlich 50 Neuerscheinungen gedruckt wurden (es war die produktivste Druckerei um 1560). Bekannte Werke sind die Gutenberg-Bibel und die *Biblia Regia* in fünf Sprachen. Das Patrizierhaus birgt noch eine Schriftgießerei und eine Setzerei. Dort sieht man Familienporträts aus der Hand von Rubens, der ein Freund der Familie war, Kupferstiche, antike Möbel u. a. *Di–So 10–17 Uhr, Eintritt 100 bfr, Vrijdagmarkt 22*

Rubenshaus (Rubenshuis)
Der in Westfalen geborene Maler brachte es in Antwerpen zu Ansehen und Reichtum. Sichtbares Zeichen dessen ist der barocke Stadtpalast, den er sich als bestbezahlter Maler seiner Zeit im italienischen Palazzo-Stil erbauen ließ. In seiner Residenz lebte und arbeitete Peter Paul Rubens von 1610 bis zu seinem Tod am 30. 5. 1640. Das geräumige Anwesen des Malerfürsten mit Innenhof und Galerien, mit

Im Stadtpalast des Malerfürsten Peter Paul Rubens in Antwerpen

intimen Wohnräumen und riesiger Werkstatt beeindruckt auch heute noch die meisten seiner Besucher. *Di—So 10—17 Uhr, Eintritt 75 bfr, Wapper 9—11*

Vleeshuis

Das spätgotische Zunfthaus der Metzgerinnung ist nach einer gründlichen Renovierung in ein Museum für angewandte Kunst, Archäologie und Stadtgeschichte umgewandelt worden. Das abwechselnd aus rotem Backstein und weißem Sandstein erbaute Haus — daher der Ausdruck »Speckstil« — liegt in einem Stadtsanierungsgebiet hinter dem Grote Markt. Zwischen den gesamten flämischen Kunstschätzen steht aber auch ein ägyptischer Sarkophag. *Di—So 10—17 Uhr, Eintritt 75 bfr, Vleeshouwerstraat 38—40*

EINKAUFEN

Geschäftszeiten: Der lange Samstag ist eine ständige Einrichtung, am Freitag schließen die meisten Läden erst um 21 Uhr, und die normalen Ladenzeiten sind von 9—18 Uhr. Am *Bahnhof (Centraal Station)* gibt es Geschäfte, die länger geöffnet haben. Hauptgeschäftsstraßen sind *Meir* und ⚕☉ *Keyserlei.* Weitere Einkaufszentren: *Huidevettersstraat, Frankrijklei Quellijnstraat,* rund um den *Komedieplaats, Groendalstraat,* Galerie *De Nieuwe Gaanderij, Lombardenstraat*

MÄRKTE

Trödel und Hausrat am *Mittwochund Freitagmorgen* auf dem *Vrijdagsmarkt* sowie *So bis 13 Uhr* auf dem ★ ⚕☉ *Vogelmarkt, Theaterplein*

RESTAURANTS

Dock's Café

⚡ Auch für diesen schicken Laden gilt: Unbedingt vorher reservieren, sonst versäumt man den Auftritt der flotten Studenten und wird nie erfahren, wie gut Austern oder Ente schmecken können. *Jordaenskai 7, So—Fr 19—24 Uhr, Tel. 226 63 30, Kategorie 1*

De Foyer

⚙ Stilvolle Brasserie im restaurierten »Bourla«. Gerichte vom Buffet, sonntags Brunch. Wer mag, kann auch einfach ein Baguette bestellen. Rosarote Stühle und grüne Palmen. *Komedieplaats 18, Tel. 233 55 17, Kategorie 2—3*

Hippodrom

Altes Parkett und junges Publikum in hohen Räumen. Der Service ist freundlich und das Essen überraschend lecker. Vorher reservieren! *Leopold de Waalplaats 10, Tel. 238 89 36, Kategorie 1*

De Kerselaar

Fein und meisterlich. Nicht geeignet für Liebhaber großer Portionen. *Grote Pieter Potstraat 22, Tel. 233 59 69, Kategorie 1*

Grand Cafe Leroy

⚡ Ein Café, in dem man sich zum Frühstück, Lunch, Dinner oder einfach auf einen Kaffee oder zum Bier trifft. Treffpunkt junger Leute, fast immer stimmungsvoll. Terrasse. *Kasteelpleinstraat 49, tgl. 9—23.30 Uhr, Tel. 226 11 99, Kategorie 2—3*

Neuze Neuze

Modern und sehr im Trend. *Wijngaardstraat 19, Mo—Sa, Tel. 232 57 83, Kategorie 1*

Panaché

⚡ Trotz der hier herrschenden Hektik ein immer wieder empfehlenswertes Imbiß-Restaurant. Eine typisch großstädtische Institution, die sich auf ihre eilige Kundschaft eingestellt hat. Das Essen ist immer wohlschmekkend, die Bedienung zuvorkommend. *Statiestraat 17, tgl. 10—20 Uhr, Tel. 232 69 05, Kategorie 3*

Pottekijker

Bistro mit weißen Mauern und dunklem Holz. Herzhafte und ehrliche Küche. Fisch- und Steakgerichte. *Kaasrui 5 (am Grote Markt), Mi—Mo 18—22 Uhr, Tel. 225 21 97, Kategorie 2—3*

La Rade

Klassische Küche. Auch der Blick auf die Schelde ist im Preis inbegriffen. *Van Dijckkaai 8, Tel. 233 37 37, Kategorie 1*

De Reddende Engel

Die Adresse für Fischliebhaber. Berühmt ist die Bouillabaisse. *Torfbrug 3, Mi, Do und Sa-Mittag geschl., Tel 233 66 30, Kategorie 2*

't slecht Geweten

Flämische Küche, zubereitet von einem engagierten Team. Stilvolle Atmosphäre. *Kaasstraat 2, Di bis Mi geschl., Tel. 232 37 04, Kategorie 2*

Stoofpot

Klassische flämische Küche im »Quartier Latin« der Stadt. Unbedingt reservieren! *Schuttershofstraat 37, Tel. 234 39 31, Kategorie 2*

Zirk

Edelbistro der *jeunesse arrivée*, die ihr Lebensgefühl mit feinen Essen veredeln will. *Zirkstraat 29, Tel. 225 25 86, Kategorie 1—2*

HOTELS

Alfa De Keyser
Komfortables und anspruchsvolles Stadthotel. Der Lärm der belebten De Keyserlei dringt bis ins Zimmer. 117 Zi. *De Keyserlei 66, Tel. 234 01 35, Fax 232 39 70, Kategorie 1*

Congress
Zentral gelegenes Stadthotel. 66 bequem eingerichtete Zimmer. *Plantin en Moretuslei 136, Tel. 235 30 00, Fax 235 52 31, Kategorie 2*

Firean
Äußerst angenehmes kleines Hotel, die zwölf Zimmer in diesem Stadthaus sind geräumig und bieten allen Komfort. Das Frühstück wird individuell zubereitet. Für Autofahrer gut geeignet. *Karel Oomstraat 6, Tel. 237 02 60, Fax 238 11 60, Kategorie 2*

Floatel Christian V.
Luxuriöses Boothotel mit einem Restaurant, 23 Zi. *Sint-Laureiskaai, Tel. 226 83 17, Fax 226 03 28, Kategorie 2*

Hilton
Direkt im Zentrum, hinter der Fassade des früheren »Grand Bazar« verbirgt sich das Komforthotel. Terrasse auch für Nichthotelgäste. *Groenplaats 42, Tel. 226 62 66, Fax 204 12 13, Kategorie 1*

Villa Mozart
Komforthotel im Schatten der Kathedrale. Die Zimmer sind schmal, enge Bäder, am Wochenende laut, dafür ist das Hotel aber zentral gelegen. 25 Zi. *Hand-schoenmarkt 3–7, Tel. 231 30 31, Fax 231 56 85, Kategorie 1*

De Rosier
Luxusherberge in einem 200 Jahre alten Gemäuer. Der Service ist perfekt, das Ambiente untadelig. 12 Zi. *Rosier 23, Tel. 225 01 40, Fax 231 41 11, Kategorie 1*

International Youth Hotel
Adresse für junge Leute, 70 Betten in Zimmern und Schlafsälen. *Provinciestraat 256, Tel. 230 05 22, Kategorie 3*

AM ABEND

Die Stadt zählt 30 Kinos. Die Filme laufen in Originalfassung mit niederländischen Untertiteln. Das Nachtleben konzentriert sich auf den *Groenplaats,* die Bahnhofsgegend (Vorsicht), das »Schiffermannsquartier« der Altstadt sowie die Pelgrim- und Hoogstraat. An der *Stadswaag* Kneipen und Jazzkeller. Bekannte Bühnen sind *Het Appeltje,* Lange Nieuwstraat 81, *Het Fakkeltheater*, Hoogstraat 12, *Konzerte,* Elisabethzaal, Astridplein 26, und *De Echte Antwaarpse Schouwburg,* Arenbergstraat 8–10. *Auskunft: Theaterzentrum, Theaterplein, Tel. 232 66 77 und im Theaterwinkel, St. Jacobsmarkt 74, Tel. 233 71 60.* Bourla — das schönste Theater (1834) der Stadt. Restauriertes Restaurant und Café. *Tgl., Tel. 231 07 50, Komedieplaats 18*

AUSKUNFT

Dienst voor Toerisme
Grand' Place/Grote Markt 15, B-2000 Antwerpen, Tel. 00-32-3/ 232 01 03, Fax 231 19 37, Mo–Fr 9–18 Uhr, Sa/So 9–17 Uhr

Konsulate

Deutschland: De Keyserlei 5, Kasten 26, Tel. 232 78 13
Österreich: Mechelsesteenweg 176, Tel. 238 78 20
Schweiz: Noorderlaan 119, Tel. 541 21 70

Rundfahrten

Mit dem Boot:
ab Steenplein Schelderundfahrten, tgl. Hafenrundfahrten, Abendfahrten. Tel. 2313100, 240 bfr.
Kutsche:
Von Ostern bis Sept. ab Grote Markt. Tgl. 12—18 Uhr
Minibus:
Grote Markt, Ostern bis Okt. Dauer ca. 50 Minuten, Erklärungen über Kopfhörer in Landessprache. Preis 230 bfr

Die Provinz Antwerpen

Herausragendes Merkmal ist deren Vielseitigkeit: Romantisch ist die Scheldelandschaft bei *Mariekerke*, einladend sind die Idyllen an den Ufern der *Kleinen* und *Großen Nete*, dann wieder beeindrucken die weiten Heideflächen und dichten Wälder im dünnbesiedelten *Kempener Land*. Die Kunst besteht darin, Autobahnen und Schnellstraßen zu verlassen. Alleen führen dann zu schön gelegenen Weilern, Windmühlen und Bauerndörfern, eingebettet zwischen fruchtbare Äcker und trockene Heide- und Sandflächen, Nadel- und Laubwälder. Eine Provinz, ins rechte Licht gesetzt durch den berühmten flämischen Lebenskünstler *Pallieter* von Felix Timmermans, durchschnitten von Kanälen und Straßen, mit Industrie an den Stadträndern und einer steinge-

wordenen Geschichte, rund 2500 km Wanderwege und 1600 km Radwege.

Brasschaat (F 2)

Das »Versailles Antwerpens« wird die 34 000 Einwohner zählende Stadt wegen ihrer Parkanlagen genannt. Unweit davon liegt *Schoten*, ebenfalls in einer Wald- und Parklandschaft mit Schlössern und Traumvillen. Der dortige Marktplatz mit seinem Uilenspiegel-Brunnen ist fast so groß wie der Grote Markt in Brüssel. Im Renaissancestil erbaut ist das Kastell. Die Feudalbauten von Schoten und das *Wasserschloß de Borrekens* (13. Jh.) liegen wie Brasschaat im Naturgebiet *Kalmthouser Heide*.

GEEL

(**H 3**) Berühmt ist die Stadt seit dem Mittelalter wegen des Psychiatrischen Zentrums und zweier gotischer Kirchen (14./15. Jahrhundert). Der »Ort der Barmherzigkeit«, Wallfahrtszentrum der Ortsheiligen *Dimpna*, wird von einer weiten Dünen-, Wald- und Heidelandschaft umgeben. Wichtigstes Feriendorf ist *Kasterlee*. Unweit liegt auch der bekannte Freizeit- und Vergnügungspark *Bobbejaanland*. *Vom 2. April–9. Okt. tgl. ab 10 Uhr geöffnet, Eintritt 200 bfr*

HEIST-OP-DEN-BERG

(**H 3**) Der Ort liegt rund 45 Meter hoch, und vom 71 m hohen Aussichtsturm hat man einen herrlichen Blick über das weite, fruchtbare Ackerland. *Von April bis Sept. von 10-12 Uhr und von 14—18 Uhr geöffnet.*

HOOGSTRATEN

(**H 2**) Alte brabantische Stadt mit 15 000 Einwohnern, bereits 1210 urkundlich erwähnt. Auffallend der feuerrote Turm der *Katharinenkirche*, erbaut von 1524–1546 im gotischen Stil; der Chor jedoch ist ein Meisterwerk der Renaissance. 300 Stufen sind es bis zur Aussichtsplattform des Turms. Berühmt ist die *Heiligblutprozession* am 1. und 2. Sonntag nach Pfingsten. Hoogstraten ist Zentrum des hiesigen Erdbeeranbaus. Freizeitzentrum »De Mosten«, See, Angeln, Windsurfen, *Tel. 03/315 89 39*

LIER

(**G 3**) ★ Eine der schönsten flämischen Provinzstädte (31 000 Einwohner). Das bekannteste Kunstwerk der Stadt ist der *Zimmerturm*, Teil der früheren Befestigung. Dort tickt heute eine astronomische Uhr von 4,50 Metern Höhe, sie enthält 13 Zifferblätter. Der *Beginenhof* ist einer der ältesten und wohl größten in Flandern. Die kleinen Häuschen sind bewohnt. Der Ort, durch den die *Kleine Nete* als Gracht fließt, ist die Heimat des Schriftstellers Felix Timmermans (1886–1946). Lohnend in der Akademiestadt ist ein Besuch des *Taubenmarkts* am Sonntagmorgen vor dem Rokoko-Rathaus mit seinem schlanken Belfried. Die *Gevangenenpoort* war Teil der Stadtbefestigung, von der noch vier Kilometer erhalten sind. Ein Meisterwerk der Brabanter Gotik ist *St. Gomarus*. Kunstvolle Inneneinrichtung; die Kirche verfügt über einen großen Silberschatz sowie Bild-

Dreizehn Zifferblätter zieren die Jubiläumsuhr des Zimmerturms im brabantischen Lier. Ihr Durchmesser beträgt gewaltige viereinhalb Meter

hauerarbeiten, hängt voller Gemälde und hat herrliche Glasfenster aus dem 15./16. Jh., außerdem eine Kopie des Turiner Leinentuches von 1516. Im 80 m Meter hohen Kirchturm ein Carillon mit 48 Glocken. Durch die Stadt und in die Landschaft führt ein fünf Kilometer langer »Timmermans-Pfad«.

MECHELN

(**F 3**) ★ In Mecheln fällt die Musik aus dem Himmel, denn die frühere Hauptstadt der südlichen Niederlande ist Zentrum des flämischen Glockenspiels. Auch die Familie des Komponisten Ludwig van Beethoven stammt aus der mit 75 000 Einwohnern sechstgrößten Stadt

Flanderns, die ihre Vergangenheit als Metropole des Mittelalters keineswegs verbirgt. Spaziergänge durch das heute beschaulich wirkende Zentrum rufen Erinnerungen an eine bewegte historische Vergangenheit wach. Seine Blütezeit erlebte Mecheln (1008 erstmals urkundlich erwähnt), als Margaretha von Österreich ab 1510 von hier aus das Land als Statthalterin regierte. In ihrem Renaissance-Palast *Hof van Savoye* empfing sie bedeutende Humanisten, Maler und Musiker wie Albrecht Dürer, Erasmus von Rotterdam und Thomas Morus. Nach dem Tod der Statthalterin wurde der Hof 1531 nach Brüssel verlegt. Mecheln wurde 1560 Sitz des Erzbischofs, 1566 durch die »Bilderstürmer« geplündert und 1572 von den Spaniern in Brand gesteckt. Zahlreiche Bürger, darunter die Malerfamilie Frans Hals, flohen in die nördlichen Niederlande. Die dominierende Rolle der Stadt war zu Ende. Späten Ruhm brachte noch einmal die Möbelindustrie, und 1835 fuhr hier die erste Eisenbahn auf dem europäischen Kontinent. Mecheln beherbergt auch der Welt einzige Glockenspielerschule.

BESICHTIGUNGEN

Begijnhofkerk

Der große und der kleine Beginenhof liegen nur durch eine Straße voneinander getrennt. Ihren geschlossenen Charakter haben diese Stifte jedoch verloren. Die Häuser aus dem 16. und 17. Jh. sind restauriert. Ein Juwel des Barock ist die Beginenkirche St. Alexius im großen Beginenhof. *Nonnenstraat*

Brusselsepoort

Von der Stadtmauer, die im 19. Jh. geschleift wurde, ist nur das Brüsseler Tor (13./17. Jh.) mit seinen beiden markanten Spitzen erhalten geblieben. *Van Benedenlaan*

Hof van Savoye

Früherer Stadtpalast der Margaretha von Österreich, heute Justizgebäude. Vom Stadtbaumeister Rombout Keldermans im spätgotischen Stil erbaut, sollte es später zum ersten Renaissance-Gebäude in den Niederlanden werden. Kaiser Karl V. verlebte hier seine Jugendjahre. *Keizerstraat*

Kathedraal St. Rombout

Mit ihrem 97 Meter hohen, nie vollendeten Turm prägt die Kathedrale St. Rombout im Stil der Brabanter Gotik die Stadtsilhouette. Ursprünglich sollte der Turm 167 Meter in den Himmel ragen, aber nachdem von 1450 an 68 Jahre daran gearbeitet worden war, wurde der Bau wegen der anhaltenden Glaubenskriege gestoppt. Zu den Kunstschätzen der Kathedrale zählt der »Christus am Kreuz« von Anthony van Dyck. Für Sportliche: Der Turm mit seinen 515 Stufen kann bestiegen werden, *1. 6. bis 15. 9. Mo 19 Uhr, Kirche frei, Eintritt 60 bfr.*

Glockenspielkonzerte: *Sa und Mo um 11.30 Uhr, So um 15 Uhr, Juni–Sept. Mo ab 20.30 Uhr*

Kruidentuin

Ein im 16. Jh. angelegten Kräutergarten. Hier blühten 1582 als Zierpflanzen die ersten Kartoffeln auf europäischem Boden. Heute Stadtpark. *Leermarkt*

»Hof van Savoye« in Mecheln: Von hier aus regierte einst die Statthalterin Margaretha von Österreich die »Niederen Lande«

Tierpark Planckendael

Außer dem Zoo mit über 1000 Tieren, Abenteuerpfad, Kinderzoo und Spielfarm. *Muizen-Mechelen, Leuvensesteenweg 582, Tel. 015/41 49 21, Sommer 9–18.30 Uhr, Winter 9–17 Uhr, Eintritt 380 bfr., Kinder 240 bfr.*

Stadhuis

Das Mechelner Rathaus setzt sich aus verschiedenen Häusern zusammen: Die gotische Tuchhalle bildet den ältesten Teil des Komplexes (1311–1326). Später sollte dieser um den neuen Palast für den *Grote Raad* erweitert werden, mit dessen Bau man im Jahr 1527 anfing, aber schon 1547 wieder aufhörte. Erst 1911 wurde weitergebaut. Das Resultat sind zwei gotische Stilvarianten. Rund um den Marktplatz Giebelfassaden aus dem 16., 17. und 18. Jh. Auf dem Platz das Denkmal der Margaretha von Österreich. *Grote Markt*

Folkloremuseum

Museum für antikes Spielzeug, Volkskunst. *Di–So 10–17 Uhr, Eintritt 100 bfr, Nekkerspoel 21*

Hof van Busleyden

Städtisches Museum, Funde aus der Römerzeit, Mechelner Möbel, Glockenspielmuseum. *Di bis Fr 10–12 und 14–17 Uhr, Sa 14–18 Uhr, Eintritt 75 bfr, Busleydenhof*

Huis de Zalm

Hinter der Renaissance-Fassade des Zunfthauses der Fischer (1530) ist das Kunstgewerbemuseum. *Sa–Do 10–12 und 14–17 Uhr, Eintritt 100 bfr, Zoutwerf 5*

D'Hoogh

Elegantes Restaurant. *Grote Markt, Tel. 015/21 75 53, Kategorie 1*

De groene Lantaarn

Nicht gerade billig, doch die Muscheln und Kaninchen in Biersoße sind ausgezeichnet. *Steenweg 2, Tel. 015/20 20 27, Kategorie 2*

In den Beer

Wenn Sie einmal *Paling in 't groen* (Aal grün) probieren möchten. *Grote Markt 32–33, Tel. 015/ 20 35 67, Kategorie 3*

Myttlus

Für Fischliebhaber. Viele Stammgäste. *Grote Markt 23, Tel. 015/ 20 19 52, Kategorie 2*

Paul van der Heyden

Kocht mit Abstand am phantasievollsten. Alle Zutaten kommen frisch vom Markt. Man sitzt auch gut. *Wollemarkt 22–24, Tel. 015/20 53 15, Kategorie 2*

HOTELS

Alfa Alba

Stadthotel, erstes Haus am Platz. 43 Zi. *Korenmarkt 22, Tel. 015/ 42 03 03, Fax 42 37 88, Kategorie 1*

Claes

Solides Haus im Zentrum, 15. Zi. *O. L. Vrouwstraat 51, Tel. 015/ 41 28 66, Kategorie 2/3*

Steenhof

Traditionshotel, komfortabel, aufmerksamer Service mit Park, außerhalb von Mechelen. *Zwarte Leeuwstraat 70, Bonheiden, Tel. 015/55 18 47*

AUSKUNFT

Dienst voor Toerisme

Stadthuis, Grote Markt, B-2800 Mechelen, Tel. 015/29 76 55, Fax 29 76 53

POSTEL

(**I3**) ✪ ⚲ Inmitten einer weiten Heide- und Waldlandschaft ist diese große Abtei gelegen. Beliebtes Ausflugsziel. In den Klosterläden werden Bier, Käse und Brot aus eigener Herstellung verkauft.

TONGERLO

(**H3**) Außer Naturschönheiten bietet das Dorf eine Norbertinerabtei aus dem Jahr 1130, umgeben von alten Lindenalleen. Mittelpunkt des Klosters ist das Da-Vinci-Museum, in dem nur ein einziges Gemälde zu sehen ist, und zwar die Kopie des »Letzten Abendmahls« von Leonardo da Vinci. Es entstand um 1500 aus der Hand seines Schülers Andrea Solario. *Juni–Sept. 13.30–16.30 Uhr*

WEERT

(**E3**) Die landschaftlichen Schönheiten von »Klein Brabant« findet man komprimiert in dem Scheldehof Weert (350 Einwohner). In dem wasserreichen, für frühere Söldner unzugänglichen Gebiet hat sich der winzige Ort den Charakter eines flämischen Dorfes bewahren können. Sehenswert das Museum *Zilverreiger*. Hier kann man auch Fahrräder mieten, um die anderen Ortschaften im »Scheldeland« zu erkunden, etwa *St. Amands, Bornem* oder *Mariekerke*, ein ehemaliges Fischerdorf. Vom Scheldedeich hat man einen Ausblick über das Land. In den Gasthäusern werden flämische Spezialitäten angeboten. Delikatessen sind *Paling in 't groen* (Aal grün) und Spargel.

Rund um die alte Stadt Brüssel

*Flanderns Herz ist noch immer eine Region
voller Widersprüche*

In das frühere Herzogtum Brabant gelangt man nur durch andere Provinzen des Landes, denn Brabant mit seinen 111 Gemeinden und 2,3 Millionen Einwohnern liegt im Herzen Belgiens. Im 12. Jahrhundert entstand das Herzogtum Brabant aus der Grafschaft Löwen *(Leuven/Louvain)*. Im Mittelalter war die Region ein bekanntes Handels- und Kulturzentrum. Die Provinz teilt sich in ein niederländisch- und in ein französischsprachiges Gebiet auf. Die scheinbar unsichtbar und doch deutlich verlaufende Sprachgrenze fällt hier mit einer landschaftlichen Zäsur zusammen. Im Norden von Brüssel ist das Gebiet relativ eben, im Süden erstreckt sich das Hügelland der Brabanter Ardennen. Ebenfalls im wallonischen Teil liegt das weite und zersiedelte Industrierevier von Mons und Charleroi. Landschaftlich schön und abwechslungsreich hinge-

gen sind das Gebiet um Löwen und das flämische ★ Pajottenland. Dieses zum großen Teil noch recht verträumte Stück Flämisch-Brabant mit seinen Dörfern, in denen die Zeit stehengeblieben scheint, wurde durch Pieter Breughel berühmt, der hier seine Motive fand. Auch heute noch wird man den wahren Reiz von Flämisch-Brabant entdecken, sobald man die breiten Durchfahrtstraßen verläßt: Baumreihen wie mit dem Lineal gezogen; grüne Wiesen; malerische Bauernhäuser; am Wegesrand weiße Marienkapellen und Ortschaften mit einem unermeßlichen Schatz an kulturellen Sehenswürdigkeiten. Das Zentrum von Brabant ist Brüssel, Landeshauptstadt und Verwaltungssitz des neuen, 360 Millionen Einwohner zählenden Europa. Schon einmal war Brüssel Zentrum der abendländischen Welt: Von hier aus regierte Kaiser Karl V. die halbe Christenheit. Spanier, Franken, Habsburger, Franzosen und Holländer: Jahrhundertelang wechselten sich die fremden Herren ab, bis sich 1830 Flamen und Wallonen ge-

*Beides ein Stolz der Belgier:
Der »Grote Markt« (»Grand'
Place«) in Brüssel und die
Blütenpracht belgischer Azaleen*

MARCO POLO TIPS FÜR BRABANT

1 Grand' Place (Grote Markt) in Brüssel
Der »Welt schönster Marktplatz« (Seite 44)

2 Königliche Kunstmuseen in Brüssel
Über acht Etagen verteilt die Schätze des Königreiches (Seite 45)

3 Leuven
Das mittelalterliche Löwen, Studenten- und Einkaufsstadt (Seite 50)

4 Pajottenland
Bauernland mit Dörfern und weiten Äckern. Hier fand Pieter Breughel seine Motive (Seite 43, 49, 50)

---

meinsam gegen die letzte Vormundschaft – das niederländische Haus Oranien – erhoben und ihren eigenen, unabhängigen Staat gründeten.

BRÜSSEL

(**F 4**) Manche Orte versteht man erst, wenn man sie ein zweites Mal sieht. So ist es auch mit der zweisprachigen Hauptstadt Belgiens, Sitz der Nato und der Europäischen Union. Die Stadt, die im 12. Jh. ihren Aufstieg begann und im späten Mittelalter wichtigste Stadt des einst so mächtigen Burgunderreiches war, muß heute mit einer Reihe von Widersprüchen leben. Nicht allein sind alle Namens- und Hinweisschilder zweisprachig, sondern Historisches und Modernes, Slums und supermoderne Bauten stehen auch unvermittelt nebeneinander. Die knapp eine Million Einwohner zählende Stadt, die aus 19 selbständigen Gemeinden besteht, ist auch die Heimat von rund 210 000 Ausländern. Die internationalste Metropole Europas ist trotz ihrer kühlen Bürohäuser und der verwahrlosten Plätze ein gemütlicher Ort. Das ist Brüssels eigenwilligen Bürgern zu verdanken, die die persönliche Freiheit über alles stellen und Vorschriften nur widerwillig achten. Die Stadt verfügt zudem auf kleinem Raum über eine große Zahl sehenswerter historischer Bauwerke, die Sammlungen in den Museen haben Weltruf, und die Brüsseler Gastronomie ist der von Paris ebenbürtig.

BESICHTIGUNGEN

Atomium
Das Wahrzeichen der Weltausstellung aus dem Jahr 1958 ist ein 165 Milliarden Mal vergrößertes Eisenkristallmolekül. In vier der obersten Kugeln befindet sich ein Aussichtsrestaurant mit 120 Plätzen. *Tgl. 9.30–18.30 Uhr, 175 bfr. Eeuwfeestlaan*

Grand' Place/Grote Markt
Prototyp eines Ansichtskartenmotivs ist die ★ Grand' Place oder der Grote Markt, einfach der schönste Marktplatz der Welt. Das Viereck im flämisch-italienischen Barockstil legt Zeugnis ab von der einstigen

44

Macht und dem Einfluß der Zünfte. Architektonischer Höhepunkt des Platzes ist das spätgotische Rathaus aus dem 15. Jh. mit dem 97 m hohen Turm. Ihm gegenüber liegt das *Maison du Roi* im Stil des 16. Jhs. erbaut; es beherbergt gegenwärtig das Stadtmuseum.

Hubertus-Galerien

Diese Einkaufspassagen von 1846 sind Treffpunkte und Promenade, Einkaufsziel und zugleich Domizil der hier wohnenden Menschen.

Justizpalast

〰️ Der Monumentalbau ist um ein Drittel größer als der Petersdom und steht dort, wo einst der Galgenberg war. Schöner Rundblick auf die Unterstadt. Der im letzten Jh. errichtete Bau beherbergt 27 Säle und 245 Zimmer. *Poelaertplein*

Sankt-Michaels-Kathedrale

Gilt als schönes Beispiel für die Brabanter Gotik. Die sieben Jahre dauernde Restaurierung wurde 1991 abgeschlossen. Zu sehen sind u. a. von Kaiser Karl V. gestiftete Grabsteine und Glasfenster. In der Krypta ruhen die Herzöge von Brabant. *Sinte-Goedelevoorplein*

MUSEEN

Automobilmuseum

Das Automobilmuseum *Autoworld* besitzt mit 850 Oldtimern die umfangreichste Kollektion an historischen Autos in Europa. Das Museumsgebäude ist die ursprüngliche Halle des *Wereldpaleis* und Bestandteil des Hallenkomplexes gewesen, in denen

die internationalen Weltausstellungen der Jahrhundertwende abgehalten wurden. Im anderen Flügel des »Weltpalastes« ist das Luftfahrtmuseum untergebracht. *Okt.–März tgl. 10–17 Uhr, Apr.–Sept. tgl. 10–18 Uhr, Eintritt 150 bfr, 11, Parc du Cinquantenaire*

Comic-Museum

Umfassendste Sammlung zur Geschichte der Sprechblasenkultur im Warenhaus *Waucquez,* von Victor Horta im Art-nouveau-Stil erbaut. Auf 4200 Quadratmetern sind unter weiten Glasdächern 15 000 Comics gelagert. *Di–So 10–18 Uhr, Eintritt 180 bfr, Zandstraat 20*

Horta-Museum

Dieses Haus baute sich der Brüsseler Architekt Victor Horta. Die Wohn- und Atelierräume bestechen durch ihren Formenreichtum und die Kostbarkeit der verwendeten Materialien. Vom Teppichnagel über die Türklinke bis hin zum Treppenhaus ein Meisterstück im Stil der Art nouveau. *Di–So 14–17.30 Uhr, Eintritt 120 bfr, 23–25, Rue Américaine, Tel. 5 37 16 92*

Königliche Kunstmuseen

★ Bedeutendstes der rund 80 Brüsseler Museen. Dieser Musentempel auf dem »Kunstberg« ist eine Kuriosität: Es ist der wohl erste komplett mit seinen sieben Etagen unter die Erde verlegte Museumsbau. Meisterwerke von Breughel bis Bosch sowie alte deutsche Meister mit Lucas Cranach als Schwerpunkt. Dazu Werke frühniederländischer und flämischer Meister. Im Rubens- und Breughelsaal befindet sich das berühmte Werk »Landschaft mit Sturz des Ikarus«. Hieronymus Bosch und Hans Memling sind ebenso vertreten wie die romantische Malerei des 19. Jhs. und Arbeiten von James Ensor und dem belgischen Surrealisten Réne Magritte. *Tgl. außer Mo 10—13 Uhr, 14—17 Uhr, Eintritt frei, 1, Place Royal und 3, Rue de la Régence.*

EINKAUFEN

Einkaufspassagen wie die *Galeria Louiza* oder die *St. Hubertus-Galerien* sind einen Besuch wert. Ferner die *Rue du Midi,* die *Rue Nueve,* das *Sablon-Viertel* (Antiquitäten) und die Gegend rund um den *Marktplatz von Ste-Catherine.* Weitere Shoppingecken sind die Gassen, die von der Grand' Place fortführen; ferner *De Brouchere* mit dem Einkaufszentrum *Centre Monnaie.*

MÄRKTE

Brüssel kennt rund 100 Märkte. Die schönsten und interessantesten sind: *Vogelmarkt,* Grand' Place, So 7—14 Uhr, ✝ ✿ *Antikmarkt,* Grand Sablon (Grote Zavel), am Wochenende, *Antiek en Kuriosa,* Place de Jeu de Balle (Vossenplein), tgl. 7—14 Uhr und den *Obst- und Gemüsemarkt* an der Gare du Midi, So 7—13 Uhr

RESTAURANTS

Brüssel hat rund 1800 Restaurants und Bistros, darunter ein auffallend vielseitiges Angebot an hervorragenden Lokalen. Viele Häuser bieten auch preisgünstige Tagesgerichte an. Da Brüsseler gerne im Restaurant essen, sollte unbedingt reserviert werden. Gewarnt sei vor Häusern, die ihre Kunden auf der Straße umwerben.

Armes de Bruxelles

Gepflegt und beliebt bei den Einheimischen, obendrein nicht überteuert. *13, Rue des Bouchers, Tel. 511 55 98, Kategorie 2*

Belle Maraicherie

Typisches Brüsseler Fischrestaurant. *11, Place St. Catherine, Tel. 513 76 91, Kategorie 2*

Comme Chez Soi

Exklusivste Adresse. Das Restaurant ist ganz im Jugendstil eingerichtet. *23, Place Rouppe, Tel. 512 29 21, Kategorie 1*

Falstaff

Bekanntes Jugend-Stil-Café, überlaufen. *17—25, Rue Henri Mans (Börse), Tgl. 11.30—5 Uhr, Kategorie 2/3*

't Kelderke

Typisches Brüsseler Kellerlokal. Rustikale Gerichte. *15, Grand' Place, Tel. 513 73 44, Kategorie 3*

Maison du Cygne

Klassische Küche, vornehme Ober, kultivierte Gäste. *2, Rue Charles Buls (Grand' Place), Tel. 511 82 44, Kategorie 1*

Quincaillerie

Ehemalige Eisenhandlung. Die Küche ist immer für positive Überraschungen gut. Immer voll, immer laut. *45, Rue du Page, Tel. 538 25 53, Kategorie 2*

Scheltema

Stammgäste lassen sich durch die wechselnde Qualität der überteuerten Gerichte nicht abschrecken. Hier geht es ums Atmosphärische. *7, Rue des Dominicains, Tel. 512 20 84, Kategorie 1/2*

HOTELS

Am Wochenende sowie in den Monaten Juli, August, Dezember, Januar und Februar sollten Sie nach Sonderpreisen fragen.

Albert Premier
Funktionelles Mittelklasse-Haus im Art-deco-Stil. Kühl, distinguiert. 285 Zi. *20, Place Rogier, Tel. 217 21 25, Fax 217 93 31, Kategorie 2*

Arcade Sainte Catherine
Einfaches Touristenhotel. *235 Zi. 2, Rue Joseph Plateau, Tel. 513 76 20, Kategorie 2*

Centre Ibis
Komfortables Stadthotel im Zentrum, 170 Zi. *100, Rue du Marché-aux-Herbes, Tel. 514 40 40, Fax 514 50 67, Kategorie 2*

Le Dome
Modernes Hotel mit einer Spur von Art Nouveau, viele Kultur-Reisenden. 124 Zi. *12–13, Blvd. du Jardin Botanique, Tel. 218 06 80, Fax 218 41 12, Kategorie 2*

Métropole
Haus im Empirestil. Gehört bereits seit der Jahrhundertwende zu den Klassikern unter den Brüsseler Hotels. Restaurant und Terrassencafé. 310 Zi. *31, Place de Brouckère, Tel. 217 23 00, Fax 218 02 20, Kategorie 1*

SAS Royal Hotel
Modernes, großes Luxushotel. Vier verschiedene Zimmertypen, komfortabel und gemütlich ein-

gerichtet. 300 Zi. *47, Rue du Fossé-aux-Loups, Tel. 219 28 28, Fax 219 62 62, Kategorie 1*

Siru
Jedes Zimmer ist von einem anderen Künstler dekoriert worden. 101 Zi. *Place Rogier (Nähe Nordbahnhof), Tel. 217 75 80, Fax 218 33 03, Kategorie 2*

Jugendherberge Breughel
Zehn Minuten vom Bahnhof entfernt, Schlafsäle, aber auch Zwei- und Vierbettzimmer. Modernes Selfservice-Restaurant. Bett *ab 450 bfr. Rue de Saint-Esprit 2, Tel. 511 04 36, Fax 02/512 07 11*

AM ABEND

Das Nachtleben konzentriert sich vor allem auf einen Restaurant- oder Lokalbesuch. Wer Französisch oder Niederländisch beherrscht, wird sich in Kabaretts, im Theater oder in der Oper amüsieren. Die Filme werden in Originalfassung gezeigt und sind oft zweisprachig untertitelt. *Informationsbüro T. I. B., Rathaus, Grand' Place, Reservation Theater-, Konzert- und Opernkarten 11–17 Uhr, Tel. 513 89 40*

AUSKUNFT

Brüssel-Info: *T. I. B., Rathaus an der Grand' Place, tgl. 9–18 Uhr, im Winter sonntags geschl. Tel. 02/ 513 89 40, Fax 02/514 45 38; Dienst voor Toerisme: Grasmarkt 63, Mo–Sa 9–20 Uhr, im Sommer So 9–19 Uhr, Tel. 02/504 03 90, Fax 02/504 02 70*

Ausführliche Informationen finden Sie im MARCO POLO Stadtführer »Brüssel«.

Beersel (F 4–5)

Ort im reizvollen Teil der Senne. Bekannt ist Beersel (21 000 Ew.), knapp 10 Kilometer von Brüssel entfernt, für seine Biertradition (gebraut werden Lambic und Gueuze) und das romantische *Wasserschloß*. Um 1300 von Godfried van Hellebeke erbaut, diente es zur Verteidigung von Brüssel. Der markante Ziegelbau mit den drei hohen Ecktürmen, einst im Besitz des Kammerherren Kaiser Karls V., wurde anschließend von Mönchen bewohnt, um dann in den Besitz einer Spinnerei zu gelangen. Burgmuseum mit einer Ausstellung von Folterwerkzeugen *(1. März–15. Nov., Di–So 10–12, 14–18 Uhr)*. In der Stadt gibt es urige Schenken, in denen Spezialbiere und Quarkbrote serviert werden.

Diest (H 4)

Ruhige ehemalige Tuchmacherstadt an der Grenze zu Limburg. Das Provinzstädtchen (22 000 Ew.) fällt vor allem durch die restaurierten Gebäude rund um den *Grote Markt* auf. In der *St. Sulpitius-Kirche* Chorgestühl mit den Miserikordien von 1491 und einem Sakramentsturm aus der Renaissance. Der Ort, vom 14.–18. Jh. Eigentum des Hauses Nassau-Oranien, wird daher auch »Oranjestad« genannt. Im früheren Brauereikeller des klassizistischen Rathauses befindet sich das Städtische Museum. Besonders schöne Beispiele für die Architektur des 15. Jh. sind »De Fortuyn« und »Het Damberd«, beide in der Ketelstraat. An der *Lakenhal* (Ecke Moon- und Gezellenstraat) ein Exemplar jener mittelalterlichen Kanonen, die hier nicht »Dicke Berta«, sondern »Holle (hohle) Griet« heißen und mit denen Steinkugeln abgeschossen wurden. Nach einer umfassenden Renovierung kann auch der verträumte *Beginenhof* wieder durch das barocke Tor (1671) betreten werden. In den Häusern leben vor allem Künstler, man findet hier Galerien, Kneipen und Restaurants: Der »Begijnhof« lohnt in jedem Fall einen Abstecher. Der Hof ist zu unregelmäßigen Zeiten geöffnet: *Am Wochenende meist von 14 bis 17.30 Uhr, in den Sommermonaten von 9–12 und von 13.30–17 Uhr.* Einer der wichtigsten Wallfahrtsorte Flanderns ist *Scherpenheuvel*, sechs Kilometer von Diest entfernt. Zentrum des Dorfes ist die *Liebfrauenbasilika*, die älteste Barockkirche Belgiens, erbaut zwischen 1609 und 1627 im Auftrag des Erzherzogs Albrecht und dessen Gemahlin *(tgl. 8–19 Uhr)*.

Gaasbeek (E 4)

⚓ Schloß Gaasbeck zählt zu den beliebtesten Ausflugszielen. Die »Domaine de Gaasbeck« mit ihrem wunderschönen 40 ha großen Park (zum Picknick geeignet) wurde im 13. Jh. angelegt und im 16. Jh. erweitert. Einer der Besitzer des Anwesens war Graf Egmont. Er wurde im Jahr 1568 auf der Brüsseler Grand' Place als angeblicher Verschwörer gegen die Spanier enthauptet. Sein Schicksal inspirierte Goethe zu dessen »Egmont«. In Schloß Gaasbeck befinden sich heute ein Museum und eine umfangreiche Kunstsammlung. Öffnungszeiten: *1. April–31. Okt. tgl. außer Mo und Fr 10–17 Uhr, Juli*

Schloß und Park Gaasbeek, einst Sitz des Grafen Egmont

und Aug. auch Mo geöffnet, Eintritt 120 bfr. Eindrucksvoll ist der Blick vom Wasserschloß auf die Brabanter Landschaft von Asse bis Halle.

Grimbergen (F 4)

Bauerndorf mit einer prachtvollen barocken Norbertiner-Abtei. Im Jahr 1130 als Prämonstratenser-Kloster gegründet, im 16. Jh. ausgebrannt und im 17. Jh. wieder aufgebaut, zählt es zu den eindrucksvollsten Barockbauten Flanderns. Das Dorf, im malerischen ⭐ Pajottenland gelegen, überrascht durch seine unversehrt bäuerlichen Strukturen. Im Kutschhaus *(Koetshuis Geldendal)* ist ein Handwerks- und Landwirtschaftsmuseum untergebracht. *(1. April–31. Okt. Mo–Sa 9–15 Uhr, Eintritt 100 bfr).*

Dort wo sich am Fluß Maalbeek die alten Wassermühlen *Lier-* und *Tommenmolen* drehen, befindet sich ein rustikales Ausflugslokal, in dem das bekannte Dunkelbier und deftige Käse- und Quarkbrote serviert werden. Weiter gibt es die Sternwar-

te Mira, *Abdijstraat 20, Mo–Fr 14–23 Uhr, Juli–Aug. geschl.*

Halle (E 4)

Umgeben von der weiten hügeligen Landschaft liegt Halle, eine Stadt aus dem Mittelalter, mit einem Einkaufszentrum. Die Stadt an der Senne (32 000 Ew.) ist das Ziel unzähliger Wallfahrer, sie erhoffen sich Wunder und Beistand von der »Schwarzen Madonna«, deren Bild in St. Martinus (1330–1470 im Stil der Brabanter Gotik erbaut) einen Ehrenplatz über dem Altar hat. Der Legende nach soll die Holzfigur während einer Belagerung 32 Kanonenkugeln aufgefangen haben. Die Kanonenkugeln liegen in der Ecke am Eingang gestapelt. In der Krypta befindet sich ein großer Kirchenschatz mit Silberarbeiten, vor allem aus dem 15. und 16. Jh. *Die Schatzkammer ist nur an Pfingsten, am 15. August und am ersten Sonntag im September von 14–17 Uhr geöffnet, die Kirche tgl. von 9–18 Uhr.* Das Rathaus am Markt stammt aus der Spätrenaissance (17. Jh.). Im ehemaligen Jesuitenkolleg befindet sich das (ebenfalls 17. Jh.) Südwestbrabantische Museum, u. a. mit archäologischen Fundstücken und Sammlungen zur regionalen Geschichte des »Pajottenlands« *(Öffnungszeiten Mai—Sept. Sa—So 10—12, 14—17 Uhr, Eintritt 50 bfr).* Unsere Empfehlung für den Frühling: In der Umgebung von Halle befindet sich der große *Hallerbos,* ein Laubwald mit Waldhyazinthen und kalifornischen Sequoia-Bäumen. Durch den Wald führen drei Wanderwege, genannt Reekbokwandeling (8 km), Toren (7 km) und Sequoiaspaziergang (4 km).

Lombeek   (E 4)
Umgeben vom beschaulichen ★ »Pajottenland« mit seinen schmalen Feldwegen, Äckern und historischen Bauernhöfen liegt *Onze Lieve Vrouwe-Lombeek.* Hier drehen sich noch die Windmühlen, ist die Dorfkirche einen Besuch wert und die Umgebung reich an bäuerlicher Kultur. Sehenswerte sogenannte »Carré«-Bauernhöfe sind *Cantimpréhoeve* in Bellingen und *Hof te Bree-Eik* in St. Kwintens-Lennik. Im »Pajottenland« hat Pieter Breughel gemalt.

LÖWEN
(LEUVEN/LOUVAIN)

(G 4) ★ Löwen als Stadt mit der ältesten Universität der Niederlande (gegründet 1425) präsentiert sich dem Besucher sofort als Studentenstadt. Da sind die vielen Kollegien, die zahlreichen Buchläden und die vielen *Cafés* und Kneipen. Unübersehbar sind aber auch die weiteren Se-

henswürdigkeiten der flämischen Stadt, die im Mittelalter mitunter einflußreicher war als ihre Erzrivalin Brüssel. Zu ihnen zählen das spätgotische Rathaus, die Kirche St. Pieter und der Große Beginenhof, mit rund 70 Hospizhäusern eine eigene Kleinstadt in der Stadt.

Löwen ist auf liebenswerte Art kleinbürgerlich, denn es ist dabei lebendig und großzügig, es ist geschäftstüchtig, kontaktfreudig und mitunter sogar ausgelassen. Löwens Geschichte ist eng mit der des Herzogtums Brabant verwoben. Im 12. Jh. erhielt die Stadt an der *Dijle* ihre Stadtmauer. Die brabantischen Herzöge, die Zünfte, die Bierbrauer und die Geistlichen waren die Bauherren der zum Teil heute noch erhaltenen architektonischen Sehenswürdigkeiten.

Die Gründung der Universität, mit 25 000 Studenten heute die größte niederländischsprachige Uni des Landes, zog zahlreiche Gelehrte aus Europa nach Löwen. Von den Franzosen 1794 geschlossen und 1817 wiedereröffnet, wurde die Hochschule 1968 im Zuge des Sprachenstreits in eine niederländischsprachige *Universiteit Leuven* und die französischsprachige *Université Louvain-la-Neuve* aufgeteilt. Trotz dieser Teilung wächst der Lehrbetrieb weiter. Rund 200 Gebäude in der Stadt werden von der Uni genutzt. Während der beiden Weltkriege brannte die Universitätsbibliothek zweimal aus; insgesamt gingen mehr als 1,2 Millionen Bücher und Manuskripte verloren. Rund um Löwen liegt weiträumig fruchtbares Ackerland mit Gemüse- und Obstkulturen.

Stadhuis

Das spätgotische Rathaus (1439–1469) gilt als das schönste in Europa. Auffallend an der Fassade der ornamentale Bildschmuck und die 236 Statuen in den Nischen. Die Bilder erzählen die Geschichte der Handelsstadt. Das dreistöckige Bauwerk wurde vom Stadtbaumeister Matheus de Layens entworfen. Besonders charakteristisch das Satteldach mit den achteckigen Türmen. Das Rathaus und der »Gotische Saal« können besichtigt werden *(Führungen Mo—Fr 11 und 15 Uhr, zwischen 31. 3. und 30. 9. auch Sa und So, Eintritt 50 bfr).*

Groot Begijnhof

⚐ Rund um die frühgotische Kirche Johannes der Täufer *(St. Jan de Doperkerk)* gruppieren sich die 100 Häuser des im 13. Jahrhundert gegründeten Beginenhofes, heute Teil der Universitätsstadt. Der stille Ort wird von Professoren und Studenten bewohnt; die Kirche dient als Mensa.

Predikherenkerk

Die erste gotische Kirche der Stadt war die Liebfrauenkirche der Dominikaner. Sie beherbergt eine Sakristei aus dem 13. Jh., außerdem zahlreiche Prunkgräber. *O. L. Vrouwstraat*

Romaanse Poort

Das »römische Stadttor«, 1220 bis 1223 erbaut, schmiegt sich an das frühere St.-Peter-Krankenhaus. An der Dijle *(Brusselsestraat Richtung Mechelsestraat)* noch Reste der alten Stadtmauer.

Sint Pieterskerk

Die drei Türme der gotischen Kirche St. Peter, dem ältesten Gotteshaus der Stadt, sind nie vollendet worden. Das 1991 renovierte Kirchenschiff (1410 bis

Löwener Marktplatz mit seinem wunderschönen spätgotischen Rathaus

1541) gilt als Meisterwerk der Brabanter Gotik. Von der romanischen Kirche, die hier ursprünglich einmal gestanden hat, ist allein noch die Krypta aus dem 11. Jh. erhalten. Zahlreiche Skulpturen und Gemälde, etwa das »Letzte Abendmahl« von Dirk Bouts im 12 m hohen Sakramentshaus, schmücken den Chor. *Grote Markt*

MUSEEN

Stedelijk Museum
Vander Kelen-Mertens

Die Städtische Kunstsammlung, untergebracht im ehemaligen Savoy-Kolleg, verdient besondere Aufmerksamkeit. Das von einem Garten umgebene Haus besitzt eine reiche Sammlung an gotischem Schnitzwerk und bedeutende Gemälde der »Löwener Schule« des 15. und 16. Jhs., u.a. Arbeiten von Jordaens, Bouts, Van der Weijden und Verhaeghen. Private Stifter schenkten außerdem wertvolles Porzellan, Glas und Möbel. *Di–Sa 10 bis 17 Uhr, So 14–17 Uhr, Eintritt 50 bfr, Savoyestraat 6*

HOTELS

Begijnhof

Komfortables Stadthotel, gilt als bestes Haus am Platz. 67 Zi. *Tervuursevest 70, Tel. 016/29 10 10, Fax 29 10 22, Kategorie 1*

Binnenhof

Geschmackvolles Haus. 55 Zi. *Maria Theresiastraat 56, Tel. 016/ 20 55 92, Fax 23 69 26, Kategorie 2–3*

Industrie

Einfaches Stadthotel. 18 Zi. *Martelarenplein 7, Tel. 016/22 13 49, Kategorie 3*

Professor

Schönes Hotel. 9 Zi. *Naamsestraat 20, Tel. 016/20 14 14, Kategorie 2*

EINKAUFEN

Geschäfte, Boutiquen und Cafés konzentrieren sich in der *Diestse-*, der *Brusselse-* und der *Mechelsestraat*, ferner am *Grote Markt*, der *Avenue Bondgenotenlaan* und am *Vismarkt*. Am Freitag ist in der *Innenstadt Markt*.

Belfriede oder Belforts

Symbol der flämischen Städte sind die Belfriede; Türme, die meist an die Tuchhallen oder ans Rathaus angebaut wurden. Die Stadttürme verkörperten das Selbstbewußtsein der Bürger und waren ein Zeichen für deren Reichtum. Sie zeugten von der Unabhängigkeit gegenüber Grafen und Fürsten, aber auch gegenüber der Kirche. Die Türme wurden im 14. und 16. Jh. errichtet. Einige Belfriede, wie den von Gent, krönt ein vergoldeter Drache, das Symbol der Unbesiegbarkeit. In den meisten Türmen, etwa in Brügge, hängt heute ein Glockenspiel *(Beiaard oder Carillon)*. Die ersten Carillons erklangen bereits im 15. Jh. Da die meisten Menschen damals keine eigene Uhr hatten, waren die Glocken Zeichen, die alle halbe Stunde oder Viertelstunde angeschlagen wurden. In den meisten Türmen geschieht das heute noch.

Dienst voor Toerisme
*Vanderkelenstraat 30, Tel. 016/
211539, Fax 2115 49*

Nivelles (**E 5**)
Sehenswert im alten Nivelles:
Stiftskirche St. Getrudis (11.–13.
Jh.) mit Kreuzgang, ein Hauptwerk der maasländischen Romanik. Die Kirche, einmalig für Belgien, ist in mehreren Bauabschnitten errichtet worden und
enthält Überreste aus der Karolinger- und der Merowingerzeit.
Zu sehen sind ferner der Simonne-Turm und die gotische Recolettenkirche (beide 16. Jh.) und
einige Herrenhäuser aus dem 16.
bis 18. Jh. Im Ort und der Umgebung einige alte Bauernhöfe, etwa die »Tournettehoeve«. *Motel
Nivelles Sud,* 115 Zi., *Tel. 067/
21 87 21, Kategorie 3.*

Tienen (**H 4**)
Das Zentrum der einheimischen
Zuckerindustrie wird vom
schlanken und nie vollendeten
Turm der gotischen Kirche *Onze
Lieve Vrouw-ten-Poel* überragt.
Die Kirche heißt auch im Französischen noch immer *Notre-
Dame-au-Lac.* Doch einen See
gibt es nicht mehr auf dem Grote
Markt, lediglich eine heilige
Quelle, deren Wasser heilen soll.
Zentrum der 32 000 Einwohner
großen, 1944 zerstörten Industriestadt ist der Grote Markt mit
Rathaus und *Het Toreke,* heute
städtisches Museum *(Mo–Fr
8.30–12.30, 13.30–17 Uhr, Sa u.
So 14–18 Uhr).* Auffallend die
zahlreichen weiß gekalkten
Häuser; eine Tradition, die an
die Pestjahre erinnert. Am Veemarkt ist die *St. Germanuskerk,*
ein romanischer, nach 1536 im
gotischen Stil weitergeführten
Bau. Im Turm hängt mit 54
Glocken eines der größten Carillons Flanderns. Glockenspielkonzert: *Juli–Aug. jeden Mi um
20.30 Uhr.* Angenehm als Stadthotel und normalen Ansprüchen
entsprechend ist das *Hotel Alpha,
Tel. 016/82 28 00, Kategorie 2, Jugendhotel, Tel. 016/82 14 60*

Wavre (**G 5**)
⚠ Der größte Freizeitpark des
Landes, rund 22 Kilometer von
Brüssel entfernt, heißt *Walibi*
und bietet mehr als 40 Attraktionen, u. a. Tiershows und ein tropisches Schwimmparadies. Geöffnet *1. April–Ende September.
An der Autobahn E 41 Brüssel-Namur.*

Zoutleeuw (**I 4–5**)
Hier scheint die Zeit stehengeblieben zu sein. Der Ort (7800
Ew.) gehörte einst zu den sieben
wichtigsten brabantischen Städten, geriet dann aber so sehr ins
Abseits, daß selbst die Bilderstürmer dort das Stürmen vergessen
haben. Dank dieser Fügung ist
hier ein kunsthistorischer Glanzpunkt des Mittelalters erhalten
geblieben. So haben die Kirche
St. Leonhard, das Rathaus (inklusive Einrichtung), die Tuchhalle
(Lakenhal) und einige Patrizierhäuser die Jahrhunderte unbeschädigt überstanden. In der
Kirche befindet sich eine Fülle
an Kunstschätzen, Bildschnitzarbeiten und Malereien *(Ostern
bis 30. Sept. tgl. 14–17 Uhr).* Tip:
Ballonfahrten über das Hagelland, *5500 bfr pro Flug, Tel.
011/78 26 42 oder 78 12 88*

Grafenland und Nordseestrand

Geschichte, Kultur und Idylle prägen das Land hinter Belgiens Goldküste

Wer zum ersten Mal die Strecke von De Panne bis Knokke abgefahren ist, jenen 67 Kilometer langen Nordseestrand, an dem sich 15 Badeorte aneinanderreihen, der wird erstaunt sein über die Vielfalt an Villen und Appartements, die sich am Meer entlang ausbreitet und mit dem Charme von gestern und dem Komfort von heute für sich wirbt. An Belgiens Küste werden jährlich sechzehn Millionen Übernachtungen verbucht und umgerechnet vier Milliarden DM ausgegeben. So zersiedelt und rege besucht der Küstenstreifen ist, so unbekannt und zum Teil noch menschenleer präsentiert sich das Hinterland, das Polderland rund um *De Moeren*, das liebliche Hügelland mit Bauerndörfern, die Gegend um *Poperinge* und *Ypern*.

An den hellen, bis zu 700 Metern breiten und durchgehend flachen Stränden gibt es Spaß, Sport und Spiel satt. Fröhlicher Rummel erfreut Aktivurlauber,

stille Dünen und Wälder entzücken die Romantiker. Die Küste zwischen der niederländischen und französischen Grenze ist ein Ferien-Evergreen, der Ferienfreizeit-Tummelpark der Flamen. Allein das mondäne Kurbad *Knokke* zählt im Sommer drei Millionen Übernachtungen; im großstädtisch wirkenden *Ostende* sind es zwei Millionen. Familiär gibt sich *De Panne*, idyllisch und ohne störende Appartement-Architektur sind *De Haan, Bredene* und *Wenduine* geblieben.

Beliebt sind Kurzferien auf einem Gasthof, etwa ein Wochenende außerhalb der Saison. Attraktiv die Kombination von grüner Weite, Meer, Dünen und dem großen Himmel. Die Nordsee schillert graugrün bis zum Horizont. Es wirkt belebend, barfuß durch den feinen Sand zu laufen, zur Rechten die See, die weiße Schaumkronen aufwirft, und zur Linken die Promenade, die man an der Küste *zeedijk* nennt.

Bunte Markisen überspannen die Terrassen, die Liegestühle sind alle besetzt, und auf den

Traditionsreiches Seebad: Strand von Blankenberge

Boulevards — auch das ist typisch für diese Küste — sausen Kinder und Jugendliche mit Tretrollern, Tandems, Skateboards, motorisierten Seifenkisten und Lokomotiven (Typ »Orient Expreß«) herum. 🏇 Auf Eseln und Ponys reiten sie am Wasser entlang, an den Terrassen verkaufen sie Muscheln und buntbemalte Kiesel. Museen, Spielcasinos, Thermalbäder und Rennbahnen erhöhen die Attraktivität der flämischen Küste mit ihren 70 000 Ferienwohnungen. Zwischen den Badeorten liegt viel freie Natur: etwa ⭐ *De Westhoek*, bei *De Panne* auch »flandrisches Afrika« genannt, der *Calmyenwald*, das Naturdenkmal *Schipgatduinen* bei *Koksijde* mit Europas höchsten Dünen und das Naturschutzgebiet ⭐ *Het Zwin* bei *Knokke* mit seiner artenreichen Tier- und Pflanzenwelt. Verschiedene Wander- und Radwege führen durch diese Landschaftsparadiese.

Hinter der Küste erstreckt sich das Polderland, eine pastorale Landschaft, dünn besiedelt, kaum industrialisiert. Hier sehen die Städtchen (etwa ⭐ *Damme* oder 🌐 *Veurne*) aus, als habe die geschäftige Zeit sie vergessen. Eine verrückte Sache ist das Licht: Plötzlich reißt der Himmel auf, die grauen Schleier wehen nach Westen, blitzblau ist der Himmel, honiggelb die Sonne. Es scheint, als habe einer für einen Moment die Welt angehalten.

BLANKENBERGE

(**B** 1) Gehört zu den ältesten Badeorten (16 000 Ew.) und verfügt nach Knokke-Heist über die meisten Gästebetten. Yachthafen mit rund 900 Liegeplätzen,

Promenade. Der Strand ist 3 km lang und bis zu 350 m breit. Das ganzjährig geöffnete Seebad verfügt über ein Casino (1934 im Art-deco-Stil erbaut), das »Sea Life Center«, ein Meerwasseraquarium sowie ein für Europa einmaliges »Velodrom«. Besondere Attraktion ist der 350 m lange ins Meer reichende Pier mit Restaurant. Sonderangebote kombiniert mit Sportkasino. Auskunft Verkehrsverein *Tel. 050/4122 27, Fax 41 29 21*

BREDENE

(**B** 2) Zwischen Dünen gelegen (11 500 Ew.). Bevorzugtes Ziel für Camper. Sechs Wanderwege führen durch die Dünen und das sich anschließende Polderland. Es gibt keine Strandpromenade, dafür aber jede Menge Strand und viel Sand. Die Kapelle *Onze lieve Vrouw ter Duinen* ist Wallfahrtsort der Fischer.

BRÜGGE

(**C** 2) Die spätmittelalterliche Stadt, Hauptstadt der Provinz Westflandern und einst neben Venedig die wohlhabendste und prachtvollste Stadt Europas, lebt heute vornehmlich vom Tourismus. Die ehemalige Weltstadt, um 700 gegründet, am Naturhafen des *Zwin* gelegen, war das Bindeglied zwischen den deutschen Hansestädten und der Republik Venedig. Die ruhige, weder durch Brand noch Kriege verwüstete Museumsstadt mit 120 000 Einwohnern präsentiert sich heute als geschlossenes Stadtensemble des Mittelalters. Sie überschüttet den Besucher mit einer solchen Fülle von Eindrücken, daß es mehrere Tage braucht, um alles Sehenswerte zu betrachten und sich von der einmaligen Stimmung in den Kirchen, auf den Gassen und Plätzen sowie entlang der Grachten (die hier *reien* heißen) verzaubern zu lassen. Seit längerem ist die ❂ historische Innenstadt so gut wie autofrei. Am Stadtrand gibt es genügend Parkplätze. Im innerstädtischen Bereich gilt Tempo 30. Kutschen und Linienbusse sorgen für Mobilität im Zentrum. Seine besondere Schönheit entfaltet Brügge (niederländisch *Brugge*) an einem Frühlingstag oder Herbstabend, wenn sich die alte Welt in den *reien* oder im *Minnewater,* dem Märchensee am Beginenhof, widerspiegelt. Brügge, dessen Blütezeit das 14. und 15. Jh. gewesen war, geriet danach in Verfall und kannte auch keine nennenswerte industrielle Entwicklung. Seine Einwohner waren schließlich so arm, daß ihnen selbst das Geld

---

MARCO POLO TIPS FÜR BRÜGGE UND WESTFLANDERN

1 Der Belfried in Brügge
Die Aussicht vom Rathausturm auf Brügge und das angrenzende Polderland (Seite 58)

2 Damme
Die bewegte Geschichte dieser alten Stadt kann man nur noch erahnen. Literarischer Geburtsort von Till Eulenspiegel (Seite 56, 63)

3 IJzerturm Diksmuide
Ein typisches Polderdorf. Der Ort steht stellvertretend für zahlreiche andere im Grenzgebiet und erinnert an den Stellungskrieg im Ersten Weltkrieg (Seite 64)

4 Groeningemuseum in Brügge
Dieses Haus mit seiner großen Sammlung »flämischer Primitiver« ist ein Muß (Seite 59)

5 Heuvelland
Malerische Dörfer inmitten einer weiten Hügellandschaft prägen das Grenzgebiet nach Frankreich (Seite 65)

6 Westhoek
Hohe Dünen, viel Sand, und im Dünental blühen Thymian und Moospflanzen — so präsentiert sich Flanderns schönstes Naturreservat (Seite 56, 64)

7 Veurne
Den Besuch dieser »spanischen Stadt« sollte man mit einer Fahrt durchs angrenzende Polderland verbinden (Seite 69)

8 Het Zwin
Einzigartig für den Artenreichtum an Wasservögeln ist »Het Zwin«, ein Naturgebiet mit Prielen und Dünen, Uhus und Störchen (Seite 56, 65)

zur »Stadtsanierung« fehlte. So hat Brügge sich etwas bewahrt, was anderen Städten heute fehlt: eine Architektur nach menschlichem Maß. Besucher sollten sich rücksichtsvoll auf den traditionsreichen Plätzen bewegen. Am besten tut man das zu Fuß, beliebt sind auch die ⚡ Rundfahrten in den offenen Booten: jährlich lassen sich mehr als 800 000 Besucher herumfahren oder unternehmen eine Kutschentour, die halbe Stunde zu 800 bfr.

BESICHTIGUNGEN

Beginenhof »Ten Wijngaerde«

Seine Pracht entfaltet dieser Ort im Frühjahr, wenn unter den Pappeln die Krokusse gelb und lila leuchten. 1245 wurde der Hof von Margareta von Konstantinopel, Gräfin von Flandern, gegründet. Heute leben hier Benediktinerinnen. Gäste können sich von drei Tagen bis zu drei Monaten einquartieren. Der von einer weißen Mauer umschlossene Hof mit seinen kleinen Häusern, den Taubentürmen und den Kräutergärten war bis 1930 Wohnort von Beginen, die sich der Erziehung junger Mädchen, der Krankenpflege und dem Spitzenklöppeln verschrieben hatten. Ein Museum gibt Auskunft über Geschichte der Beginen. Den Wunsch, die Nonnen nicht zu fotografieren, sollte man respektieren. *Beginenmuseum: April–Sept. tgl. 10 bis 12 und 13.45–17.50 Uhr, im Winter 14.45 bis 16.15 Uhr, Eintritt 60 bfr*

Belfort (Belfried)

★ ⚕ Die 366 Stufen auf den 83 m hohen früheren Stadtturm lohnen den Aufstieg: Es lockt ein

Brügge: Der imposante Belfried zeugt vom einstigen, nur von Venedig übertroffenen Reichtum der Stadt

prächtiger Blick auf die rostbraunen Dächer der Stadt. Vom achteckigen, 1482 vollendeten Belfried erklingt stündlich das Spiel der 47 Glocken. Hinter dem Turm die Tuchhalle *(Lakenhal)*. *Tgl. 9.30–12.30 und 13.30–17 Uhr. Eintritt 100 bfr, Markt*

Boudewijnpark

⚡ Vergnügungspark in 2 km Entfernung, Attraktionen sind Europas größtes Delphinarium, ein Aquapanorama und das Amphitheater. *27. 4.–1. 9. tgl. 10–18 Uhr, Eintritt 510 bfr, Kinder 460 bfr*

Heilig Bloedbasiliek

Die Heiligblut-Basilika besteht aus zwei Kapellen. Die Krypta der St. Basiliuskapelle ist romanisch, die Kapelle gotisch, und

restauriert wurde sie im 19. Jh.
Seit 1150 wird in der Kapelle ein
Tropfen des »Heiligen Blutes«
aufbewahrt, den Dietrich von El-
saß, Graf von Flandern, von
einem Kreuzzug ins Heilige
Land mitgebracht haben soll.
Eintritt 40 bfr, Breidelstraat

Onze Lieve Vrouwekerk

Der 122 m hohe Turm der Liebfrauenkirche überragt den Belfried: Zeichen des Machtkamp-
fes zwischen Kirche und Bürger-
schaft. Im Chor (12./13. Jh.) die
lebensgroßen Grabmale Karls
des Kühnen und seiner Tochter
Maria von Burgund. In der Sei-
tenkapelle Bilder der »Kölner
Schule« aus dem 15. Jh. Kostbar-
ster Besitz ist die Michelangelo-
Madonna (1501–1503) aus weißem Marmor. Es ist die einzige
Arbeit des Künstlers, die Italien
zu seinen Lebzeiten verlassen
hat. *Tgl. 10–11.30 und 14.30–17
Uhr, So nur nachmittags, Mariastraat*

Stadhuis

Zierde des *Burgplein* ist das gotische Rathaus der Stadt. Das älteste Rathaus der Niederlande
(1376–1420 erbaut) gilt als Para-
debeispiel bürgerlicher Reprä-
sentationsbauten. Der von französischen Söldnern zerschlage-
ne Fassadenschmuck wurde
1920 renoviert. Bei den Figuren
handelt es sich um Personen aus
der burgundischen Zeit. Im gotischen Ratssaal Wandmalereien
und ein hölzernes Deckenge-
wölbe. *Tgl. 9.30–12 und 14–17
Uhr, Eintritt 60 bfr, Burgplein*

Sint Salvatorskathedraal

Älteste Kirche der Stadt, mit deren Bau im Jahr 961 begonnen
wurde. Sehenswert in St. Salva-

tor sind die Bleifenster sowie
zahlreiche Gemälde und Gobelins, außerdem die Orgel (1679
bis 1717) und das Chorgestühl
mit den Wappen der Ritter vom
»Goldenen Vlies«, die 1478 hier
ihre Gründungsversammlung
abhielten. *Mo–Sa 10–11.30 und
14–17 Uhr, Eintritt 40 bfr, Oostmeers*

Vismarkt

◈ Am Ufer der *Groenenrei* wird
der Fischmarkt abgehalten *(früh-
morgens außer So und Mo)*. Das
Dach der Fischhalle ruht auf 126
Marmorsäulen.

MUSEEN

Groeningemuseum

★ Das »Städtische Museum für
die Schönen Künste« zeigt in 15
Sälen die wertvollsten Gemälde
Flanderns. Die Stilleben der Flämischen Primitiven faszinieren
ebenso wie der »Marientod« von
Hugo van der Goes, die »Madonna« von Jan van Eyck und die drei
Bildtafeln der »Taufe Christi«.
Außerdem sind Arbeiten von
Hans Memling, Pieter Breughel
sowie »Das jüngste Gericht« von
Hieronymus Bosch zu sehen, dazu Bilder moderner Belgier, u. a.
von Delvaux, Magritte, Permeke. *Tgl. außer Di 9.30–17 Uhr, im
Winter mittags geschl. Eintritt 130
bfr, Dijverstraat*

Gruuthusemuseum

Im früheren Stadtpalast der Herren von Gruuthuse wird eine
umfangreiche Sammlung an flä-
mischem Kunsthandwerk ge-
zeigt, u. a. Silber, Glas, Waffen
und Möbel. *Tgl. außer Di 9.30–17
Uhr, im Winter mittags geschl., Eintritt 200 bfr, Dijverstraat*

Kantcentrum

Wer sich für die Kunst des Klöppelns interessiert oder sich kundig machen möchte für den Kauf von Spitze *(kant)*, sollte in den Häusern der Adornes-Stiftung die Spitzenateliers besuchen. Hier wird keine Spitze verkauft. *Mo bis Sa 10–12 Uhr und 14–18 Uhr, Eintritt 40 bfr, Baalstraat*

Memelingmuseum

Im wahrscheinlich ältesten Hospital Europas (12. Jh.) befindet sich das Memlingmuseum mit einer Apotheke aus dem 17. Jh. Im Krankensaal des Johanneshospitals sind die Meisterwerke von Hans Memling (ca. 1433 bis 1494) zu sehen, ferner der Ursulaschrein, auf dem in präziser Miniaturmalerei die Legende der in Köln als Märtyrerin ermordeten Ursula dargestellt ist. Besonders schön ist die polychromierte Statue des hl. Cornelius (14. Jh.). Rekonstruiert wurde der mittelalterliche Krankensaal mit Betten und Geräten. *Tgl. 9.30–17 Uhr (1. 4.–30. 9.) Do–Di 10–12.30 u. 14–17 Uhr (1. 10. bis 31. 3.), Eintritt 130 bfr, Mariastraat*

Volkenkundemuseum

Das Städtische Museum für Volkskunde zeigt in ehemaligen Hospizhäusern handwerkliche Sammlungen. Historische Gaststube *De Zwarte Kat* mit Kater Aristide. *Tgl. 9.30–17 Uhr (1. 4.–30. 9.) Mi–Mo 9.30–12.30 u. 14–17 Uhr (Winter), Eintritt 80 bfr, Rolweg 40*

Hauptgeschäftsstraßen sind die ⚹ *Steen-*, die *St-Amand-* und *Wollestraat* sowie *Dijver, St. Jacobs-* und *Vlamingstraat.* Einkaufspassagen sind *Zilverpand, Alberthal, De Brugse Hanze* und *Ter Steeghere.* Handgeklöppelte oder industriell hergestellte Spitzen: *The little Lace Shop (Markt); t'Kantjuweeltje (Philipstockstraat); Kantenparadijs (Rozenhoedhaai); 't Apostelientje (Balstraat).* Souvenirs: *'t Snuisterietje (Walstraat); De Ryve (Mariastraat); Zwanespeel (J. Suvéestraat).* Märkte: *Samstag vormittag auf dem Zand, Mittwochmorgen auf dem Burgplein. An den Wochenenden (1. April–30. Sept.) Flohmarkt am Dijver.* Bücher und Zeitschriften: *Brugse Boekhandel, Dijver Nr. 2*, große Auswahl an Büchern über Brügge und Flandern, die großen überregionalen deutschen Tageszeitungen. Comicliebhaber gehen zu *De Striep, Katelijnestraat 42*; die leckersten Pralinen verkaufen *Chocolaterie Sukerbuyc, Katelijnestraat 5* und *Patisserie Nicolas, Vlamingstraat 12–14.* Ausrüstung für die Jagd, zum Angeln und Camping bei *J&D Prien, Steenstraat 56*, exklusive belgische Mode bei *Bouvy, Steenstraat 44*

Braamberg

Fisch und Schaltiere sind hier Spezialität. Anspruchsvoll, aber leider ein wenig teuer. *Pandreitje 11, Tel. 33 73 70, So und Do geschl., Kategorie 1*

Breydel-De Coninck

Spezialhaus für Muschelliebhaber. Sie können soviel essen wie Sie mögen. Saison ist von August bis Mai. *Mi geschl., Breidelstraat 24, Tel. 33 97 46, Kategorie 2*

Chez Olivier

Gepflegtes, ganz in Weiß gehaltenes Bistro am Kanal. Nur ein paar Tische. Ein besonderer Genuß ist die Kalbsroulade in Marsala. *Tgl. 12—14 Uhr und 19—22 Uhr, Meestraat 5, Tel. 33 36 59, Kategorie 1*

Curiosa

◈ Historische Kellerkneipe und auch bei jungen Leuten beliebt. Man trifft sich zum Bier, Kaffee oder Tee. Dazu gibt es eine große Auswahl an deftigen Gerichten. *Mo geschl., Vlamingstraat 22, Tel. 34 23 34, Kategorie 3*

Heilig-Hart-Kirche

In einem besonderen Rahmen speisen. Jeden Abend kann in mittelalterlichem Rahmen, bedient von Kellnern in historischer Tracht, getafelt werden. Gaukler treten von *Do—So* auf. *Gerichte zwischen 450 und 2000 bfr, Getränke kostenlos.*
    Buchung: *Verkehrsverein Tel. 050/44 86 86, Fax 44 86 00*

De Komedie

Ein reiches Angebot an Fisch- und Fleischgerichten. Ein bunt gemischtes Publikum genießt das Tafeln in entspannter Atmosphäre. *Mo—Sa 12— 14.30 und 18—23.30 Uhr, Vlamingstraat 58, Tel. 34 35 65, Kategorie 2*

Oud Brugge

Gewölbekeller aus dem 13. Jh., Grillspezialitäten. Piano live. *Kuiperstraat 33, Tel. 33 54 02, Mi geschl., Kategorie 3*

Sint Joris

Von den Terrassen-Restaurants am Marktplatz haben dieses und das danebenliegende »Central« den besten Ruf. Gute Küche, zuvorkommende Bedienung. *Markt 29, Tel. 33 30 62, Do geschl., Kategorie 2/3*

Stove

Hervorragendes Bistro. Nur ein Dutzend Tische, alles in hellen Farben. Probieren sollte man die Ostender Fischsuppe und die Nordseezunge mit Tomaten. Die Atmosphäre ist freundlich, die Bedienung zuvorkommend. *Mi geschl., Kleine St. Amandsstraat 4, Tel. 33 78 35, Kategorie 2*

Vasquez

Auch nicht gerade billig. Aber in dem historischen Haus wird vorzüglich gekocht. Spezialität sind Fischgerichte. Zu den Menüs werden entsprechende Weine serviert. Elegant. *Zilverstraat 38, Tel. 34 08 45, Mi und Do-Mittag geschl., Kategorie 1*

Watermolen

Angenehmes Restaurant. Fisch in allen Zubereitungsarten. *Oostmeers 130, Tel. 34 33 48, Di und Mi geschl., Kategorie 2*

HOTELS

In der Museumsstadt gibt es 75 Hotels mit etwa 4000 Betten. Am Wochenende sind die Preise höher als in der Woche!

Aarendshuis

Unter Denkmalschutz stehendes Stadthotel, plüschig eingerichtet mit zeitgemäßem Komfort, 23 Zi. *Hoogstraat 18—20, Tel. 050/33 78 89, Fax 33 08 16, Kategorie 2*

Bauhaus

Für junge Leute. Zentrale Lage. 18 Zi. *Langestraat 135—137, Tel. 34 10 93, Kategorie 3*

De Castillion
Jedes Zimmer ist anders eingerichtet, Jugendstil und Empire
im Eingang. 20 Zi. *Heilige Geest-
straat 1, Tel. 050/34 30 01, Fax
33 94 75, Kategorie 2*

Ensor
Familienhotel mit zeitgemäßem
Komfort. 8 Zi. *Speelmansrei 10, Tel.
34 25 89, Kategorie 2*

Europa
Jugendherberge mit 42 Zimmern, am Stadtrand. *Baron Ruzet-
telaan 143, Assebroek, Tel. 35 26 79,
Fax 050/35 37 32, Kategorie 3*

*Alte Giebelhäuser am Marktplatz
von Brügge*

Holiday Inn Crowne Plaza
An einem der schönsten Markt-
plätze und auf den Ruinen eines
Klosters (zu besichtigen) erhebt
sich das feine Haus, komfortable
Zimmer, freundlicher Service
und hoch oben im Haus ein
Schwimmbad. Terrasse. 96 Zi.
*Tel. 050/34 58 34, Fax 34 56 15,
Kategorie 1*

Ibis Brügge Centrum
Zweckmäßig, praktisch und
pflegeleicht eingerichtet, 127 Zi.
*Katelijnestraat 65 a, Tel. 050/
33 75 75, Fax 33 64 19, Kategorie 2*

Pannenhuis
Am Stadtrand im Grünen, Familienhotel, gemütliche Atmosphäre, Restaurant und Gartenterrasse, 15 Zi. *Zandstraat 2, Tel.
050/31 19 07, Fax 31 77 66, Kategorie 2*

Pullmann
Komforthotel, beliebt bei Grup-
penreisenden. 155 Zi. *Boeverie-
straat 2, Tel. 34 09 71, Fax 34 40 53,
Kategorie 1*

Swaene
Luxushotel für Romantiker. Die
24 Zimmer sind mit Gemälden,
Antiquitäten und modernen Bä-
dern ausgestattet. Wer will, kann
ein Zimmer mit Himmelbett bu-
chen. Zentrale Lage an der
Gracht mit idyllischem Garten.
*Steenhouwersdijk 1, Tel. 34 27 98,
Fax 33 66 74, Kategorie 1*

Wilgenhof
Außerhalb der Stadt gelegen, romantisch im Grünen und hin-
term Deich. Das rote Backstein-
haus verfügt nur über sechs Zimmer. *Polderstraat 151, Sint-Kruis,
Tel. 36 27 44, Kategorie 2*

Brügge kennt keine Polizeistunde. Das Nachtleben konzentriert sich am ❖ 't Zand und am ⚡ Eiermarkt: Zahlreiche Diskotheken, Cafés, Pizzerien und Kneipen. Glockenspielkonzerte sind an Sommerabenden am Markt zu hören: Mo, Mi und Sa 21–22 Uhr. Sehr beliebt sind folgende Adressen: Het Brugs Beertje, Bierbar, Kemelstraat 5, Mi geschl.; Dreupelhuisje, rund 100 Sorten Genever zu Auswahl, Kemelstraat 9, Di geschl.; Vlissinghe, eine frühere Herberge aus dem 15. Jh., originelle Einrichtung, Di geschlossen, Blekerstraat 2. Angenehm sitzt man auch im Bistro Lautrec, St. Amandsstraat 5 und im Café Belle Epoque. Jazzmusik und Blues im De Versteende Nacht, Langestraat 11

Eine Kutschfahrt, 35 Minuten: 800 bfr. Grachtenfahrt mit Boot: 150 bfr. Walkman-Tour: 300 bfr. Mit dem Minibus, 50 Minuten: 330 bfr. Es gibt Fahrräder zu mieten: 280 bfr pro Tag. Ferner gibt es organisierte Ausflüge in die Umgebung.

Dienst voor Toerisme
Burg 11, B-8000 Brügge, Tel. 0032-50/44 86 86, Fax 44 86 00, Mo–Fr 9.30–18.30 Uhr, Sa und So 10–12 und 14 bis 18.30 Uhr, 1. April–31. März bis 17 Uhr

Damme   (C 2)
★ An die Zeit, als dieser Ort eine richtige Handelsstadt mit 60 000 Einwohnern war, erinnern das gotische Rathaus (1466–1467) und die Liebfrauenkirche mit dem nie vollendeten 45 m hohen gotischen Turmstumpf. Heute wohnen in dem einst so wichtigen Wein- und Außenhafen von Brügge nur noch 8200 Menschen. Anno 1180 erhielt der Ort von Philip von Elsaß seine Stadtrechte. Höhepunkt für Damme war die Hochzeit zwischen Karl dem Kühnen und Margareta von York im Jahr 1468. Bedingt durch Aufstände und Kriege verlor die Stadt an Bedeutung. Den Kanal ließ Napoleon von spanischen Kriegsgefangenen graben. Inzwischen hat sich das Dorf mit mehr als einem Dutzend Restaurants und Lokalen zu einem touristischen Zentrum entwickelt. Der verträumte Flecken ist Geburtsort des flämischen Schriftstellers Jacob van Maerlant. Ein weiterer bekannter Sohn der Stadt ist Tijl Uilenspieghel. Till Eulenspiegel, flämischer Freiheitsheld im Kampf gegen die Spanier, ist der Held des gleichnamigen Prosaepos von Charles de Coster, der ihn in Damme zur Welt kommen ließ. Zwischen Damme und Brügge verkehren mehrmals täglich Schiffe (April–Sept.). Auskunft: Dienst voor Toerisme, Damme, Jacob Van Maerlantstraat 3, Tel. 0 50-34 33 19.

Lissewege   (C 2)
Ein Polderdorf mit weißen Häusern und einem 50 m hohen Kirchturm, erbaut im Stil der Scheldegotik. Die Liebfrauenkirche (1230–1260) kann besichtigt, ihr 🔽 Turm bestiegen werden (Schlüssel beim Küster erfragen). Beim Dorf, in Ter Doest,

steht noch die monumentale »Zehntscheune« (60 m lang und 25 m breit). Nur dieses unter Denkmalschutz stehende Bauwerk ist von der 1106 gegründeten Abtei erhalten geblieben. Neben der Scheune ein Ausflugslokal. Gotische Scheune: *April bis Sept. tgl. 9–19 Uhr, Eintritt frei*

DIKSMUIDE

(**A 3**) ★ ⚜ Vom 84 Meter hohen IJzerturm verkündet eine Botschaft: *Alles voor Vlaanderen, Vlaanderen voor Christus.* Der Turm ist eine Gedenkstätte zur Erinnerung an die beiden Weltkriege. Im August ist er das Ziel von Friedenswallfahrten. Unvergessen bleibt der Erste Weltkrieg, in dem viele junge Flamen schon allein deshalb den Tod fanden, weil sie die Befehle ihrer französischen Offiziere nicht verstanden. Langemark und der Soldatenfriedhof von Vladslo, wo mehr als 25000 Gefallene begraben sind, sind zwei von unzähligen Kriegsgräberstätten. In Vladslo steht die Plastik »Trauernde Eltern« der Berliner Künstlerin Käthe Kollwitz. Dort fiel während des Krieges der einzige Sohn der Bildhauerin.

DE HAAN

(**B 2**) Bereits 1887 als Bad erwähnt. Zusammen mit *Wenduine*, den Polderdörfern *Vlissegem* und *Klemskerke* zählt die Gemeinde De Haan 10000 Einwohner. *De Haan aan Zee*, auch *Le Coq sur Mer* genannt, hat sich den Reiz eines Familienbades bewahrt. Viele der Villen aus der Zeit der Jahrhundertwende stehen unter Denkmalschutz. Der Ort ist vor allem bei Deutschen beliebt. Typisch für De Haan sind die bewaldeten Dünen. Vom Ort aus führen zahlreiche Rad- und Wanderwege in die angrenzende Polderlandschaft. Nostalgische Straßenbahn-Haltestelle aus der Belle Epoque. Wenduine bietet zahlreiche Freizeitmöglichkeiten für Kinder. Ein Anziehungspunkt ist ⚜ u. a. die 31 m hohe Düne *Spioenkop*.

Direkt am Meer: *Auberge des Rois*, ein stilvolles flämisches Familienhotel, 35 Zi., gute Küche *(Zeedijk De Haan 1, Tel. 059/ 23 30 18, Kategorie 1).*

DE PANNE

(**A 2**) Der Badeort (9500 Ew.) verfügt mit einem 700 bis 800 Meter breiten Strand über den schönsten Küstenstreifen Belgiens. Zu allen Jahreszeiten gut besucht. Sportarten: Strandsegeln, Reiten und Wandern. 50 m vom Strand: *Hotel Europe*, 38 Zi., *Meeuwenlaan 60, Tel. 058/411487.* In der Umgebung zwei Naturreservate: die ★ *West- und die Oosthoek.* Im Dorf *Adinkerke* liegt der Vergnügungspark *Melipark.* Die Dünen von De Panne gelten als die schönsten der gesamten Nordseeküste.

KNOKKE-HEIST

(**C 1**) Seebad (32000 Ew.) mit einem Hauch von Snobismus, Luxus, Sandstränden, Spielcasino und viel weiter und grüner Natur. Die Gemeinde setzt sich aus den Stadtteilen *Knokke, Heist, Duinbergen, Zoute* und *Albertstrand* zusammen. Der mondäne Strand-Tourismus beginnt mit Albertstrand und endet in *Het*

Zoute, dem angeblich »reichsten« Badeort Nordeuropas, wo die weißen Villen betuchter Flamen, Niederländer und Deutscher stehen. Mittelpunkt ist das 1930 erbaute Spielcasino mit dem größten Kronleuchter Europas: 2000 Lampen und 37 000 Glasstücke, zusammen 7000 Kilogramm schwer. Sehenswert der Magrittesaal mit Wandmalereien des Surrealisten. Ruhige Hotelvilla

Storchenpaar im Naturschutzgebiet »Het Zwin« bei Knokke

mit Schwimmbad: *Ter Zaele*, 50 Zi., *Oostkerkestraat 40, Tel. 050/ 60 12 37, Fax 6119 73, Kategorie 1.* Richtung Niederlande liegt ★ *Het Zwin,* ein 150 ha großes Vogelschutzgebiet mit Wanderwegen. Rund 1500 elegante Geschäfte, Boutiquen und ein beachtliches kulturelles Angebot sind weitere Kennzeichen von Knokke. *Ostern—Sept., tgl. 9—19 Uhr, Eintritt 150 bfr., Kinder 90 bfr. (Gummistiefel!), Ooivaars laan 8*

KEMMELBERG
(HEUVELLAND)

(**A 4**) Das ★ »Hügelland« zwischen französischer Grenze und den Städten *Ypern* und *Poperinge* gehört zu den malerischen Gebieten Flanderns. Diese alte Kulturlandschaft, früheres Zentrum der flämischen Tuchindustrie, heute Mittelpunkt des Hopfenanbaus, ist ein beliebtes Ausflugsgebiet. Mit seinen 156 Metern ist der ★ Kemmelberg die höchste Erhebung des Heuvellandes; auf dem Berg gibt es einen Aussichtsturm und ein Restaurant. Wo heute Radrennfahrer um Medaillen kämpfen, war einst Kriegsschauplatz. Davon zeugen die Kriegsgräberstätten. Das Heuvelland rund um den Kemmelberg bietet alles, was man von einer Ferienlandschaft erwartet: Natur, eine Menge Historie in den Städten und eine gute Gastronomie. Hotels: *Palace,* im Zentrum, traditionsreiches urgemütliches Stadthotel, typische Landesküche und nettes Ambiente, *Jeperstraat 34, Poperinge, Tel. 057/33 30 93, Fax 33 35 35, Kategorie 2; Kemmelberg* , Landgasthof mit elegantem Gourmetrestraurant. Wirtin Solange Bertin kocht mit Fantasie, die Weinauswahl ist vorzüglich, der Blick aus den Zimmern reicht bis weit nach Frankreich hinein, *Berg 4, 8956-Kemmel-Heuvelland, Tel. 057/44 41 45, Fax 44 40 89, Kategorie 1; In den Wulf,* kleiner Bauernhof inmitten des Hügellandes. Restaurant mit einigen gemütlichen Gästezimmern. Küchenchefin Adelheid Foulon achtet darauf, daß alles nach Wunsch geht, Gerichte aus ländlicher Produktion. Die gastronomischen Wochenenden sind begehrt; eine Adresse so richtig zum Ausspannen, *Wulvestraat 1, 8951 Heuvellan-Dranouter, Tel. 057/44 55 67, Fax 110, Kategorie 3.*

KOKSIJDE

(**A 2**) Eingebettet in einen großen und weiten Dünengürtel liegt dieses Familienbad (20 000 Ew.). Mit 33 Metern ist der *Hoge Blekker* die höchste Düne der Küste. Seit 1949 wird die Abtei *Ter Duinen* ausgegraben. Dabei handelt es sich um das größte Zisterzienserkloster des Nordens, 1214 gegründet und nach dem Bildersturm 1577 aufgegeben. Im Ortsteil *Sint-Idesbald*, das »Paul-Delvaux-Museum« mit Werken des belgischen Surrealisten, der wegen seiner nackten Frauen mit den weltentrückten Blicken und seiner Geisterbahnhöfe bekannt wurde. *April—Sept. tgl. außer Mo 10.30 bis 18.30 Uhr.*

KORTRIJK

(**B 3**) Eine Stadt, deren Bürgern heute noch ein lebhafter Handelsgeist nachgesagt wird. Unweit der französischen Grenze gelegen, kann Kortrijk (72 000 Ew.) auf eine lange Geschichte zurückblicken und besitzt zudem einen der schönsten Beginenhöfe des Landes. Gemälde von Van Dyck und der Kölner Schule in der Liebfrauenkirche. Am *Grote Markt* der Belfried von 1307 sowie das spätgotische Rathaus, an der *Leie* die Broel-Zwillingstürme aus dem 12. Jh. Die Handelsstadt wurde vor allem wegen der »Schlacht der goldenen Sporen« bekannt, die am 11. Juli 1302 — heute Feiertag — auf dem »Groeningekouter« stattfand und bei der sich die Flamen gegen die französische Besatzung mit Erfolg erhoben hatten.

LO-RENINGE

(**A 3**) Inmitten der weiten und grünen Polderlandschaft des *Westhoek* die Kleinstadt Lo (3200 Ew.) mit ihrer großen Geschichte als Ort der Leineweber. Renaissance-Rathaus, Stadttor von

---

Eulenspiegel und Pallieter

Zwei literarische Helden haben die Flamen: Tijl Uilenspieghel und Pallieter. Die beiden im Geist verwandten Brüder sind Repräsentanten der flämischen Volksseele. Die heroisch-lustige Eulenspiegel-Legende schrieb Charles de Coster (1827—79). Der Schelmenroman, in dem es um die Liebe zu Flandern und gegen die spanische Fremdherrschaft geht, ist in der zweiten Hälfte des 16. Jahrhunderts angesiedelt, als sich die Flamen gegen die Tyrannei des Infanten Philipp II. und seines niederländischen Statthalters Herzog Alba auflehnten. Der »Pallieter« von Felix Timmermans (1886—1947) dagegen ist urflämisch: Ein Epikureer, der die Sehnsucht des Menschen nach einem glücklichen, freien und ungezwungenen Leben verkörpert. Seine literarische Heimat ist hier. Pallieter ist ein hoffnungsloser Optimist, der das Leben als ein großes Fest begreift; der Inbegriff flämischer Sinnlichkeit. Pallieter ist, wie es im Original heißt, einer, der den »dag melkt«, ein Tagmelker also, von dem Hermann Hesse sagte: »Er ist flämisch gesund wie die klassische Malerei des Landes.«

»Reitende« Krabbenfischer in Oostduinkerke

1629 und einige historische Giebelhäuser. Aus der früheren Augustiner-Abtei wurde der Landgasthof *Oude Abdij*: 35 Zi. *Noordstraat 3, Tel. 058/28 82 65, Fax 28 94 07, Kategorie 2*

NIEUWPOORT

(**A 2**) Nieuwpoort-Bad (9000 Ew.) gilt als angenehmer Ort für Familienferien. Im Yachthafen ist Raum für 2000 Segelboote. Am Marktplatz der Stadt die Kornhalle, in der zwei Museen untergebracht sind: Eins zur »Schlacht bei Nieuwport« (um 1600) und zum Ersten Weltkrieg, ferner ein Naturkundemuseum. Im Turm der Liebfrauenkirche hängt ein Beiaard mit 67 Glocken. Sehenswert die Schleuse *Ganzepoort*. Vom Hafen aus werden Hochseeangel-Touren auf der *Jean Bart IV* angeboten. Am Pier kann kostenlos geangelt werden.

OOSTDUINKERKE

(**A 2**) Ruhiges Seebad, vor allem bei Strandseglern und Reitern sehr beliebt. Berühmt geworden ist der Badeort wegen der ⚑ reitenden Fischer. Mit ihren kräftigen Pferden ziehen die Fischer jeweils eine Stunde vor und nach der Flut ins Meer. Die Pferde schleppen Netze hinter sich her, mit denen Nordseekrabben gefangen werden. *Schmitzstraat 4: Nationales Fischereimuseum*

OSTENDE

(**B 2**) »Königin der Seebäder« lautet der Ehrenname dieser pulsierenden und mit 71 500 Einwohnern größten belgischen Küstenstadt. Hier hat man sozusagen das Strandbaden »erfunden«. 1784 wurde erstmals eine Konzession erteilt, am Strand eine »Loge« zum Verkauf von Erfrischungen aufzustellen. Der belgische König Leopold I. war Stammgast in Ostende, das um die Jahrhundertwende als das frivolste Seebad weit und breit galt. Der Fährhafen nach England ist noch immer ein Badeort, in dem man sich nicht langweilt. Es gibt ein Casino, den berühmten ✧ Strandboulevard, das *Provinciaal Museum* und autofreie Einkaufsstraßen. Das Geschäftszentrum mit Boutiquen, Cafés und Bistros konzentriert sich rund um die Straßen *Vlaanderen-, Kapellen-* und *Alfons Pieterslaan*. Zahlreiche

Geschäfte haben auch am Sonntag geöffnet. *Hotel du Parc, Marie-Joséplein 3*, eine stilvolle Brasserie, der Kaffee wird in Gläsern frisch gefiltert.

MUSEEN

James-Ensor-Haus

In diesem schmalen Bürgerhaus lebte und arbeitete der belgische Maler. Tod, Masken und Muscheln sind Themen seines Werkes. Im Parterre ist der Souvenirladen seiner Tante rekonstruiert. Der erste Stock beherbergt das »Dokumentationszentrum«, der zweite Stock den Salon mit Kopien seiner Arbeiten. *Juli-Sept. tgl. außer Di 10–12 und 14–17 Uhr. Vlaanderenstraat 27, Eintritt 75 bfr*

Mercator

Der Dreimaster ist Museumsschiff und dümpelt im Yachthafen. *Juli–Sept. 10–13 und 14–17 Uhr. Am Bahnhof, Eintritt 100 bfr*

Museum voor Moderne Kunst

In einem ehemaligen Kaufhaus der 50er Jahre, *Di–So 10–18 Uhr, Romestraat 11, Eintritt 100 bfr*

Museum voor Schone Kunsten

Bildende Kunst; Museum mit Werken zahlreicher belgischer Künstler, einige Werke von James Ensor (»Blumenhut«), ferner Rekonstruktionen des Fischeralltags. *Tgl. außer Di 10–12 und 14–17 Uhr. Wapenplein (Zentrum), Eintritt 50 bfr*

RESTAURANTS

Le Basquet

Fangfrische und köstliche Fischgerichte. *Albert-I-Promenade 62, Tel. 70 54 44, Kategorie 3*

Angehäufter Reichtum vor Belgiens Küste: Yachthafen von Ostende

Falstaff

Im Stadtzentrum gelegen, elegant mit Terrasse, Fischspezialitäten. *Wapenplein 7, Tel. 50 25 97, Kategorie 2*

Kombuis

Muscheln mit Pommes frites, das belgische Nationalgericht. *Van Iseghemlaan 24, Kategorie 3*

Luistania

Fischspezialitäten in eleganter Umgebung. *Visserskaai 35, Tel. 70 17 65, Kategorie 1*

Maritza

In einer der schönsten Stadtvillen Ostendes kocht Jacques Ghaye seit Jahren anspruchsvoll. Man speist im klassischen Rahmen, *Albert-I-Promenade 76, Tel. 50 88 08, Kategorie 1*

Old Fisher

Ausgefallene Fischgerichte, u.a. Hai. *Visserskaai 34, Tel. 50 17 68, Kategorie 1/2*

HOTELS

»Avenue«, beliebt bei jungen Leuten, 22 Zi. *(Koninginnelaan 27–29, Tel. 059/80 55 44, Fax 80 56 44, Kategorie 2)*; »Andromeda«, Komforthotel am Strand, 95 Zi. *(Albert-I-Promenade, Tel. 059/80 66 11, Fax 80 66 29, Kategorie 1)*; »Burlington«, Stadthotel, 40 Zi. *(Kapellestraat 90, Tel. 059/70 15 52, Fax 70 81 93, Kategorie 2)*; »De Ploate«, Jugendherberge mit hervorragender und preiswerter Küche, Abendessen 500 bfr, sehr freundliche Atmosphäre *(Langestraat 82, Tel. 059/80 52 97, Kategorie 3)*; »Thermae Palace Hotel«, renoviertes historisches Badehotel, Zimmer mit und ohne See-

blick, im ersten Stock mit Terrasse, angenehme Atmosphäre, direkt am Nordseestrand *(100 Zi., Koningin Astridlaan 7, Tel. 059/80 66 44, Fax 80 52 74, Kategorie 1)*

EXKURSIONEN

Nach England: Tagesfahrt: 300 bfr. Retour mit dem Jetfoil (knapp zwei Stunden) 900 bfr; Kinder jeweils die Hälfte. *Auskunft: Lines, Natiënkaai 5, Tel. 059/55 99 55*

AUSKUNFT

Dienst voor Toerisme
Monacoplein 2, B-8400 Ostende, Tel. 059/70 11 99, Fax 70 34 77

VEURNE

(A 2) ★ Rund 10 km von *Koksijde* entfernt liegt diese liebenswerte Kleinstadt (11 200 Ew.). Der Marktplatz mit Giebelhäusern im Stil der flämischen Renaissance gilt als der schönste Westflanderns. Die interessantesten Gebäude sind das Rathaus (16./17. Jh.) mit Ledertapeten aus Cordoba, der »Spanische Pavillon« (15. Jh.), die Alte Fleischhalle (heute Stadtbibliothek) und die Nikolauskirche mit ihrem Backsteinturm (13./14. Jh.). Zahlreiche Terrassenlokale am Grote Markt. Feierlicher Höhepunkt des Jahres ist die Bußprozession *(letzter Juli-So).*

ZEEBRUGGE

(B 1) Ausgedehnter Fischerei- und Seehafen. Einige gute Fischlokale: *De Barcadère, Tijdokstraat 8* und *Le Chalut, Rederskai 26: Fischspezialitäten der Kategorie 2*

Hoher Himmel, altes Land

*Burgundische Tradition hat das Land und
die Kaiserstadt Gent geprägt*

Die Provinz Ostflandern erstreckt sich zwischen dem Polderland, der niederländischen Grenze, der Sprachgrenze bei *Ronse* bis hin zur schiffbaren Schelde bei Antwerpen. Sie umfaßt die ★ flämischen Ardennen, eine hügelige Landschaft, ebenso wie das *Houtland*, die fetten Polder des *Meetjesland* mit Seen, Wäldern und den typischen Holzzäunen. Dazwischen weite Begonien- und Azaleenfelder. Gent, Hauptstadt der Provinz, hat 230 000 Einwohner und bildet mit den umliegenden Gemeinden das drittgrößte Ballungsgebiet in Belgien (nach Antwerpen und Brüssel). Die dichtbevölkerte Gegend ist touristisch noch nicht sehr bekannt. Zu Unrecht, denn dieses Land hat viel zu bieten: Angelseen, Wälder mit zahlreichen Wander- und Radwegen, zeitlose Bauerndörfer und Orte, in denen europäische Geschichte geschrieben wurde. Und immer wieder stößt

man auf Schlösser, Burgen, versteckte Abteien, zauberhaft in der verträumten Flußlandschaft an der Leie gelegen.

GENT

(**D 3**) Das markanteste Symbol jener einst mächtigsten und nach Paris größten Stadt des Mittelalters ist der Belfried (niederländisch *Belfort* genannt). Dessen 86 m hohe Turmspitze krönt ein goldener Drache, Symbol der Unbesiegbarkeit. Das im 9. Jahrhundert gegründete »Ganda« kämpfte hart und verbissen um seine Vorherrschaft. Am hartnäckigsten jedoch widerstand die Stadt ihrem berühmtesten Sohn, Kaiser Karl V., dem Habsburger auf spanischen Thron, als dieser 1540 eine Kriegssteuer erheben wollte. Karl rächte sich bitter: Zwei Dutzend Patrizier ließ er enthaupten, er nahm der Stadt ihre Privilegien, das Kloster St. Bavo wurde geschleift und ein spanisches Fort errichtet. »Was für eine große und wunderliche Stadt«, hatte Albrecht Dürer noch 1528 notiert. Doch die Religionskriege, die Niederwer-

»Het Gravensteen« heißt diese mächtige mittelalterliche Wasserburg, die heute als Museum dient

fung durch die Spanier (1584) und die Absperrung der Schelde (1648) besiegelten das Schicksal der mittelalterlichen Metropole und Tuchmacherstadt. Im 17. Jh. lebten nur noch 30 000 Menschen in Gent. Im 19. Jh. folgte dank der Baumwoll-Industrie ein erneuter wirtschaftlicher Aufschwung. Der Kanal Gent-Terneuzen wurde gebaut, die Stadt erhielt eine Universität, an der heute 22 000 Flamen studieren. Im Jahr 1857 wurden hier sozialistische und christliche Gewerkschaften gegründet. Noch heute gilt Gent als Hochburg der flämischen Arbeiterbewegung. Seinen architektonischen Reichtum hat das »Manhattan des Mittelalters« im historischen Stadtkern bewahren können. Gotik, Renaissance, Barock und Gründerzeit, alle Epochen sind hier bewahrt geblieben.

Sint Baafs-Kathedraal

★ Die dreischiffige Basilika St. Bavo beherbergt Flanderns bedeutendstes Kunstwerk: den »Genter Altar« der Brüder van Eyck aus dem Jahr 1432. Der Altar wird jährlich von mehr als 250 000 Menschen besichtigt. Sein Kernstück ist die Darstellung »Die Anbetung des Lammes«. Albrecht Dürer: »Das ist ein überköstlich, hochverständig gemähl.« Der Philosoph Hegel: »Alles zugleich, Beginn und Vollendung.« In den 30er Jahren dieses Jahrhunderts wurden zwei der ursprünglich 20 Tafeln des Polyptychons gestohlen, eine ist noch immer verschollen. Kathedrale: *tgl. 7.30–19.15 Uhr,* Krypta im Sommer: *Mo–Sa 9.30–12 und 14–18 Uhr, So 13–18 Uhr,* Turm: *Eintritt 50 bfr, Sint Baafsplein*

Entlang der Leie in Gent

MARCO POLO TIPS FÜR GENT UND OSTFLANDERN

1 Sint Baafs-Kathedraal in Gent
Die Genter Hauptkirche mit u. a. der »Anbetung des Lammes« der Gebrüder Van Eyck (Seite 72)

2 Flämische Ardennen
Wandern nach Herzenslust. Wenn noch Zeit bleibt, gibt es genug aus Flanderns großer Zeit zu sehen (Seite 71)

3 Die Leie
Eine Schiffsreise entlang der Leie, wo bereits um die Jahrhundertwende Bildhauer und Maler ihre Motive suchten (Seite 77)

4 Patershol
Der mittelalterliche Stadtteil Gents hat sich seinen morbiden Charme bewahrt (Seite 74)

Belfort

Der 95 m hohe Belfried (14. Jh.), Symbol der städtischen Macht, wird von einem goldenen Drachen gekrönt. Sein *Beiaard* besteht aus 37 Glocken. Berühmteste Glocke ist »Klokke Roeland«. Im Jahr 1425 wurde die Tuchhalle an den Belfried angefügt. In dem ehemals gotischen Saal, getragen von 20 Säulen, befindet sich derzeit ein Restaurant (Ratskeller). In der Tuchhalle wird eine audiovisuelle Schau zur Stadtgeschichte vorgeführt. *Eintritt 100 bfr, Kinder 60 bfr, tgl. 9.30 bis 17 Uhr, Botermarkt*

Graslei

◈ Im Wasser der Leie spiegeln sich die historischen Gildehäuser der Schiffer (1531 im Stil der Brabanter Gotik erbaut), der Getreidemesser (1698, Spätbarock), das Zollhaus (1682, flämische Renaissance). Die Graslei war der alte Binnenhafen, heute befinden sich dort Restaurants und Gasthäuser.

St. Niklaaskerk

Die Nikolauskirche (13. Jh.) gilt als Musterbeispiel der Scheldegotik. Der Korenmarkt vor der Kirche ist heute mit seinen zahlreichen Cafés und Restaurants beliebter Treffpunkt. Die Hauptpost (1903–1904) ist neogotisch. Von der Michielsbrücke hat man einen schönen Blick auf die an Türmen reiche Stadtsilhouette. *Tgl. 10–17 Uhr, Korenmarkt*

Vrijdagsmarkt

◈ In der Mitte des großen Platzes das Denkmal von Jacob van Artevelde (1290–1345), dem starken Mann der Stadt. Es stammt aus dem Jahr 1863. Im Sockel des Standbildes die Wappen der Gilden. Zahlreiche Gasthäuser hinter historischen Fassaden, etwa *Nr. 22, Nr. 45*, das *Tooghuus Nr. 43* und das *Toreken (1460)*, einst Gildehaus der Gerber. Bemerkenswert auch das im Art-nouveau-Stil erbaute *Ons Huis* der sozialdemokratischen Arbeiterbewegung.

Gravensteen

Eindrucksvolle Wasserburg aus dem 12. Jh. Von den Zinnen des dunklen Gemäuers hat man einen weiten Blick über Gents Skyline: nach Norden der Hafen, nach Süden die Kirchtürme der Stadt und der Belfried. Die Burg ist restauriert und dient als Museum. *Tgl. 9.30–17 Uhr, Eintritt 80 bfr, Kinder 40 bfr, St. Veerleplein*

Museum voor Schone Kunsten

Zusammen unter einem Dach befinden sich die Museen für Schöne Künste und Zeitgenössische Kunst, die vor allem Arbeiten nach 1945 zeigen, u.a. Warhol. Im Haus der Schönen Künste ist die flämische Schule des 15. und 16. Jhs. reich und eindrucksvoll vertreten. Aber auch Rubens, Hals, Tintoretto, Renoir und Ensor fehlen nicht. *Di–So 9–12.30 u. 13.30–17.30 Uhr, Nicolaas de Leimaeckereplein 3, Eintritt 80 bfr, Kinder 40 bfr*

Museum voor Volkskunde

Volkskundliches Museum mit 77 Zimmern, in denen Schaufensterpuppen in die Rolle von Handwerkern geschlüpft sind und u.a. Kerzen gießen und Schuhe herstellen. Historische Apotheke, Kramladen, Friseursalon. Das Museum ist in den sogenannten *Godshuizen*, Armenhäusern, untergebracht. Das älteste stammt aus dem 14. Jh. *Tgl. 9–12.30 und 13.30–17.30 Uhr, Eintritt 80 bfr, Kinder 30 bfr, Kraanlei 65*

Oudheidkundig Museum

In der Bijloke-Abtei (13. Jh.) befindet sich eine Sammlung von Kunstgegenständen aus jener Zeit, als Flandern neben Italien die führende Kultur- und Kunstnation Europas war. *Godshuizenlaan 2, Di–So 9–17.30 Uhr, Eintritt 80 bfr*

Patershol

★ ✪ Das älteste Viertel der Stadt, einst Wohn- und Arbeitsplatz der Gerber und anderer Handwerker, ist nach seiner Sanierung zum beliebten Vergnügungszentrum geworden. Restaurants, Cafés und Gasthäuser auf »alt« gemacht oder modern, oft teuer, findet man hier in Fülle. Winzige, holprige Gassen und Häuser mit gotischen Giebeln bestimmen das Bild. Das frühere Kloster der Beschuhten Karmeliter steht unter Denkmalschutz.

Auffallendste Einkaufsstraße im Zentrum ist die *Veldstraat*. Schicke Boutiquen, Mode, Schuhe, Schmuck, aber auch Patisserien, kleine Cafés und Delikatessengeschäfte findet man in der *Sint Niklaas-*, der *Koe-* und der *Zwarte Zustersstraat* sowie im *Benne-* und *Kortedagsteeg*.

Genter Spezialitäten: Senf und Kräuter: *Huis Tierenteyn (Groentenmarkt 3)*; Genever: *Bruggeman (Wiedauwkaai 56)*; flämische Keramik: *'t Hobeke / Hooiaard 6)*; Spitze: *'t Kloskantenhuis (Koornlei 3)*; Zinn: *Flemish Forge (Kaaderijstraat 15–17)*; frisch gerösteter Kaffee: *Mokabon (Donkersteeg 35)*; fangfrischer Fisch: *Merschaut (Fischhalle, Groentenmarkt 7–8)*; touristische Souvenirs: *Eigen Schoon (Mageleinstraat 25), Temmerman (Pieternieuwstraat 19), Huis St. Tack (St. Baafsplein 30)*.

⊙ Blumenmarkt: *täglich am Kou-
ter.* »Prondelmarkt« (Trödel,
Hausrat, Antikes, Kleider): *Fr, Sa
und So bei St. Jacobs, Beverhoutplein.*
Gemüse- und Obstmarkt: *Mo bis
Sa, Groentenmarkt.*

RESTAURANTS

De Appelier
Gesund und preiswert, vege-
tarisches Restaurant. *Citadellaan
47, Tel. 221 67 33, Sa geschl., Kategorie 3*

Brasserie de Fabels
Gents Studenten und Jungver-
diener treffen sich in diesem modernen Laden zum Tellergericht
oder zu Austern. *Kalandeberg 13,
Tel. 223 11 31, Kategorie 3*

Breydel, Jan
Exklusives Restaurant im idyllischen Teil der Altstadt. *Jan Breydelstraat 10, Tel. 225 62 87, So und
Mo nachm. geschl., Kategorie 2*

't Buikske vol
Gute Gastronomie in gepflegter
Umgebung. *Kraanlei 17, Tel.
225 18 80, Kategorie 2–1*

Egmond, Graaf van
Bei Besuchern beliebt. Wegen
der reizvollen Aussicht Tisch am
Fenster reservieren. *St. Michiels-
brug 21, Tel. 225 07 27, Kategorie 2*

Georges
Im Aquarium schwimmt der
Speiseplan: Hummer und Krab-
ben die Fülle. Gehört zur Spit-
zenklasse flämischer Fischlokale.
Spezialität sind Austern. *Donkersteeg 23, Tel. 225 19 18, Mo und Di
geschl., Kategorie 2*

Het Pakhuis
Seinen Erfolg verdankt das Haus
der Einrichtung (viel Holz, Mes-
sing, Korbstühle). Beliebtes In-
Lokal. *Schuurkenstraat 4, Tel.
223 55 55, Kategorie 2*

De Kamperfoelietuin
Flämische Gerichte originell zu-
bereitet, Terrasse. *Hoogpoort 29,
Tel. 224 38 91, Kategorie 2*

Raadskelder
Urgemütlich, wenn alle Tische
in dem großen gotischen Gewölbekeller besetzt sind. Flämische
Spezialitäten sind Aal grün, Karbonade und Waterzooi. *Botermarkt 11, tgl. 11–15 Uhr, Tel.
225 43 34, Kategorie 3*

Sint Jorishof (Cour St. Georges)
Auf der Speisekarte stehen alle
Spezialitäten der flämischen Kü-
che (u. a. Kaninchen). Auch die
Kinder werden nicht vergessen.
Gilt als ältestes Restaurant der
Stadt. Urgemütliche Atmosphä-
re. *Botermarkt 2, Tel. 24 24 24, So
geschl., Kategorie 2*

Tartuffe
Kombination von Nachtlokal
und Kneipe – vor allem am Wochenende belebt. *Botermarkt 4, tgl.
außer Mi, Di 9–3 Uhr, Kategorie 3*

Valentijn
Romantisches Speisehaus in his-
torischer Verkleidung. Der
Fisch kommt frisch vom Kutter.
*Rode Koningstraat 1, Tel. 225 91 70,
Sa-nachm., So und Mo geschl., Kate-
gorie 3*

Vier Tafels
Internationale Küche, Speziali-
tät ist Waterzooi. *Plotersgracht 8,
Tel. 25 05 25, Kategorie 2*

Vooruit

Aus dem Vereinslokal der Arbeiterbewegung wurde ein kunterbunter Treffpunkt mit Café und Restaurant. Sonntagmittag ist Clubmittag älterer »Gentenaren«. *Sint Pietersnieuwstraat 123, Tel. 225 56 43, Kategorie 3*

HOTELS

Alfa Flanders

Zeitgemäß und mit allem Komfort eingerichtete Zimmer. Kleine Bar im Haus. 49 Zi. *Koning Albertlaan 121, Tel. 09/222 60 65, Fax 220 16 05, Kategorie 1*

Astoria

Klassisches Haus, 15 Zi., *Achilles Musschestraat 39, Tel. 09/222 84 13, Fax 220 47 87, Kategorie 2*

Erasmus

Stilvolles Haus aus dem 17. Jh. *Poel 25, Tel. 09/224 21 95, Fax 233 42 41, Kategorie 2*

Gravensteen

Ehemaliges Stadtpalais mit 18 komfortablen Zimmern, luxuriös. *Jan Breydelstraat 35, Tel. 09/225 11 50, Fax 225 18 50, Kategorie 1*

Himatel

Stadthotel unweit des Bahnhofes. Das Hotel wird von jüngeren Leuten gerne besucht. 31 Zi. *Blankenbergestraat 2, Tel. 09/220 15 15, Kategorie 2*

Ibis

Modernes 120 Zi.-Hotel bei der Kathedrale. *Limburgstraat 2, Tel. 09/233 00 00, Fax 223 10 00, Kategorie 2*

St. Jorishof

Die Herberge wurde bereits 1228 erwähnt. Die komfortablen Zimmer (Bad, WC und TV) sind modernisiert und befinden sich in zwei benachbarten Gebäuden aus dem 18. Jh. Garage. Restaurant im historischen Ambiente, flämische Spezialitäten. *Botermarkt 2, Tel. 09/224 24 24, Fax 224 26 40, Kategorie 1–2*

Novotel

Hinter der alten Fassade verbirgt sich ein modernes Stadthotel. 117 Zi., Innenhof, Sauna, Schwimmbad. *Goudenleeuwplein, Tel. 09/224 22 30, Fax 224 32 95, Kategorie 1*

AM ABEND

Diskotheken, *Cafés* und Nachtclubs konzentrieren sich im *Zuidkwartier* (Südviertel), rund um den *Sint-Pieters-Bahnhof* und im Studentenviertel am *Sint-Pieters-Plein*. Aktuell das *Jazzlokal Duke, Schuurkenstraat 2.* Klassische Musik wird im *Literatencafé Sphinx, St. Michielshelling,* gespielt; zurückversetzt in die große Zeit der Flamen fühlt man sich in der *Dulle Griet, Vrijdagsmarkt,* und im *Waterhuis, Groentemarkt,* kann man zum flämischen Bierspezialisten werden. Die Kunst des flämischen Puppenspiels wird im *t'Spelleke van Folklore, Kraanlei 65, Tel. 223 13 36,* vorgeführt; Rundfahrten auf der Leie – auch am Abend, *Abfahrt 20 Uhr, 1200 bfr (incl. Diner),* Auskunft: *Benelux Reederei, Tel. 09/224 32 33*

AUSKUNFT

Dienst voor Toerisme

Info-Crypte, Stadhuis, B-9000 Gent, Tel. 09/266 52 32, Fax 225 62 88

ZIELE IN DER UMGEBUNG

Aalst (E 3)

Die frühere Tuchmacherstadt (76 500 Ew.) verfügt über einen Groten Markt, um den sich die Sehenswürdigkeiten gruppieren: Das *Schepenhuis* (Schöffenhaus, 1125), das *ehemalige Rathaus* und der *Belfried*, der Stadtturm mit dem ältesten mechanischen Beiaard (von 1469, mit 52 Glocken). In der gotischen *St. Martinskirche* (15. Jh.) das »Bildnis des Hl. Rochus« von Peter Paul Rubens. Ein Denkmal ehrt Dirk Martens (1446–1534), der die erste Druckerei in Flandern betrieb (1473). Bootsausflüge in die Umgebung organisiert *Reko, Heilig Hartlaan 30, Tel. 053/77 19 89.* Vormittags Blumenmarkt.

Geraardsbergen (D 4)

Regionales Zentrum an der Demer, erhielt als erster flämischer Ort die Stadtrechte (1068). Die Stadt (30 000 Ew.) am 111 m hohen *Oudenberg* (schöne Aussicht bis hin zum Pajottenland) liegt bereits an der Sprachgrenze. Am *Grote Markt* neben der gotischen Kirche St. Bartholomäus (15. bis 17. Jh.) das Rathaus (14. Jh.). Am ersten Sonntag im Fastenmonat *Krakelingenworp*, ein Volksfest, in dem tonnenweise Kekse unters Volk geworfen werden.

Ooidonk (D 3)

Aus rotem Backstein erbautes Renaissanceschloß mit flämischen Treppengiebeln (16. Jh.). *Besichtigung Juli–15. Sept., So 14–18 Uhr*

Oudenaarde (C 4)

Stadt am Fuß der Flämischen Ardennen, im idyllischen Zwalmland (27 000 Ew.). Vom 15. bis 17. Jh. wurden hier die in ganz Europa begehrten *Verduren,* Wandteppiche mit Landschaftsszenen, hergestellt. Das *Rathaus* (1526 bis 1537) gehört zu den architektonisch schönsten Belgiens. Im selben Haus befindet sich auch das Städtische Museum. An der Rückfront des Rathauses die romanische *Tuchhalle* (13. Jh.). Harmonisch in die Fassade eingefügt der *Belfried.* Besichtigt werden können auch die Kirche *Unsere Liebe Frau von Pamele* (1234), eine Kreuzbasilika im Stil der Scheldegotik, und *Sankt Walburga,* Gotteshaus im Stil der Brabanter Gotik (12.–16 Jh.). Ein berühmter Sahne- und Himbeertortenbäcker ist *Luc Gijslinck, Tussenbruggen 15, tgl. außer Mo 7–19.30 Uhr (auch So geöffnet).*

St.-Martens-Latem (D 3)

Um die Jahrhundertwende war der heutige Genter Villen-Vorort Künstlerkolonie. In dieser von einer Windmühle (15. Jh.) dominierten Landschaft lebten Georges Minne, Albijn van den Abeele und Albert Servaes. Ihnen folgten die flämischen Expressionisten wie Frits van den Berghe, Malfait, die Brüder de Smet und Constant Permeke. Als »Latemer Schule« sind diese Maler in der Kunstgeschichte vertreten. Einige ihrer Arbeiten sind im Museum des benachbarten *Deinze (Matthyslaan 3–5)* zu sehen (andere Werke hängen in Brüssel und Brügge). *Tgl. außer Di 14–17.30 Uhr, Sa und So auch 10–12 Uhr.* Besonders eindrucksvoll ist eine ★ Bootsfahrt über die Leie, die Tour dauert rund fünf Stunden und kostet 220 bfr. *Auskunft: Benelux-Reederei, Recolletenlei 10, Tel. 09/224 32 33 oder 251 42 79*

Obstgärten, Seen und Schlösser

Die bereits von den Römern besiedelte Maaslandschaft lockt heute mit farbenfrohen Kontrasten

Versteckt hinter schlanken Pappeln und dichten Hecken stehen Schlösser, Klöster und Herrenhäuser und geben Zeugnis von der lebhaften Geschichte dieser Provinz, in der sich schon die Römer blutige Nasen geholt haben. Limburg, die 2422 Quadratkilometer große Provinz, gilt mit ihren 44 Gemeinden als Flanderns »grüne Insel«. Rund 40 Prozent aller flämischen Wälder stehen in dieser fruchtbaren Landschaft, in der die *Maas* die Grenze zu den Niederlanden bildet.

Das Bauernland kann auf eine lange Geschichte verweisen, da hier einst die Grenze zwischen dem germanischen und dem römischen Reich verlief und Limburg eine große kulturelle und wirtschaftliche Bedeutung besaß. Römische Heerstraßen und mittelalterliche Handelsrouten führten durch die breite Flußlandschaft, in der der Deutschritterorden 1220 die noch immer eindrucksvolle *Landkommandantur Alden Biesen* gründete.

Domäne Bokrijk: größtes europäisches Freiluftmuseum

Ein weiteres beeindruckendes Ziel in Limburg ist die *Domäne Bokrijk.* In der flachen Landschaft stehen mehr als 120 historische Bauern- und Herrenhäuser, Kirchen, Wind- und Wassermühlen, selbst einige gotische Häuser aus der Rubensstadt Antwerpen fehlen nicht — Stein für Stein sind sie hier wieder aufgebaut.

Für flämische Begriffe ist Limburg mit seinen 740 000 Einwohnern eine dünn besiedelte Provinz. Als Grafschaft Loon gehörte sie einst zum Fürstbistum Lüttich. Im Jahr 1839 wurde die Provinz in einen holländischen und einen belgischen Teil aufgeteilt. Außer einigen Oranien-Getreuen wollten die meisten niederländischen Limburger beim flämischen Teil bleiben. Heute bilden Nord- und Südlimburg mit den Städten *Hasselt* und *Maastricht* gemeinsam mit Aachen und Lüttich das Wirtschaftsgebiet »Euroregion«.

ALDEN BIESEN

(K 4) ★ Unweit der Stadt *Bilzen* (26 000 Ew.), in Nachbarschaft zu *Rijkhoven*, erhebt sich die Landkommandantur des Deutschen Ordens, errichtet an der Ost-West-Verbindung von Köln nach Flandern. Das idyllisch gelegene und renovierte Anwesen des früheren Ritterordens, gegründet 1220, gilt als die größte Wasserburg des Nordens und wird jährlich von mehr als 200 000 Menschen besucht. Der Gebäudekomplex, Kulturzentrum der Provinz, mit Schloßkapelle, Torschänke und Restaurant, ist von einem 1785 im englischen Landschaftsstil angelegten Park umgeben. *Tgl. 10–17 Uhr.* Es gibt Übernachtungsmöglichkeiten. *Auskunft: B-3740 Bilzen-Rijkhoven, Kasteelstraat 6, Tel. 089/41 39 13*

der aufgebaut worden. Eine besondere Attraktion sind die Gebäude aus einem gotischen Stadtviertel von Antwerpen. Alle Bauten sind im originalen Stil eingerichtet und können besichtigt werden. Über das Gebiet verstreut findet man Cafés, Restaurants und urgemütliche Gasthäuser aus der Vergangenheit. Für den Besuch sollte man einen ganzen Tag veranschlagen. Kutschen sind ein beliebtes Verkehrsmittel. Zur Domäne gehören ein Rosen- und ein Wildpark, ein Vogelgehege, ein Arborethum und ein Spielpark für Kinder. *Das Museum ist vom 3. April–31. Okt. geöffnet. Eintritt 200–250 bfr, Kinder die Hälfte*

BOKRIJK/GENK

(I 4) ★ ‡ ✿ Fünf Kilometer von der Stadt Genk entfernt befindet sich das mit 540 Hektar größte europäische Freilichtmuseum. Flämische Dörfer, Schulen, Kirchen sowie zahlreiche Bauernhöfe sind in dieser Domäne wie-

RESTAURANTS

Abdij Hoeve
In diesem weißgekalkten Bauernhof mit seinen schwarzen Balken und den rot blühenden Geranien an den Fenstern wird einheimische Kost serviert. Ob Karbonade auf flämisch, frisch gerupftes Huhn oder Apfelku-

chen, hier schmeckt alles köstlich. Terrasse im Innenhof. *Am Abend geschl., Kelchterhoef 7, Houthalen, Tel. 011/38 01 69, Kategorie 3*

't Koetshuis

Direkt am Freilichtmuseum befindet sich dieses nette Ausflugsrestaurant. Auch beim allergrößten Trubel bleibt die Bedienung freundlich und souverän. *Domein Bokrijk, tgl. ab 10 Uhr, Tel. 011/22 43 05, Kategorie 2/3*

Atlantis

Modernes Hotel im Bungalowstil, reizvoll gelegen. Auch die Küche ist empfehlenswert. 18 Zi. *Fletersdel 1, Genk, Tel. 089/35 65 51, Fax 35 35 29, Kategorie 2*

Drive In

Ländlich, bei Bokrijk gelegen mit Restaurant. *Hasseltweg 475, Tel. 011/22 95 56, Fax 24 14 18, Kategorie 2*

De Schacht

Landgasthof, zeitgemäße Zimmer mit Ambiente. 21 Zi. *Noordlaan 36, Genk, Tel. 089/35 61 80, Fax 36 42 32, Kategorie 3*

Domein Bokrijk

3600 Genk, Tel. Verkehrsbüro: 089/30 91 11, 30 95 60

Borgloon   (I 5)

Im 11. Jh. war der 108 m hoch gelegene Ort (10 000 Ew.) die Hauptstadt der Grafschaft Loon, und in den Straßen ist noch etwas vom Charme alter Herrlich-

keiten zu spüren. Am *Vrijthof* steht die romanische St. Odulskirche, das wohl älteste Gotteshaus des Lütticher Raumes. Eindrucksvoll auch das Rathaus im Stil der Maasländer Renaissance mit Laubengängen. Auf dem Weg nach *St. Truiden* stößt man auf einige typische Haspengauer Bauernhäuser. Unweit von Borgloon befindet sich das Dorf *Heks* mit seinem Kastell, 1770 von Franz Karl als Jagdschloß im Rokokostil erbaut.

BREE

(**K 3**) Die einst ummauerte Stadt (13 500 Ew.) ist umgeben von einem großen Ausflugsgebiet. Sehenswert sind das Rathaus (Städtisches Museum) von 1587 und die gotische Michaelskirche aus dem 15. und 16. Jh. Im Dorf *Groot Borgel* soll der Überlieferung zufolge der Maler Pieter Breughel d. Ä. geboren sein, und zwar in *Het Ooievaarsnest* an der Hoogstraat.

HASSELT

(**I 4**)   Die   Provinzhauptstadt (66 000 Ew.) ist Einkaufs-, Ver-

Rathaus in Hasselt

waltungs- und Schulzentrum von Limburg, sie zählt rund 31 000 Schüler. Der *Grote Markt*, der relativ klein ist, wird von Giebelhäusern aus dem 16. und 17. Jh. umsäumt. Das Zentrum ist vor allem Fußgängerzone, auffallend die zahlreichen Modeboutiquen. Die bekanntesten Einkaufsgassen sind die *Demerstraat* und die *Koning Albertstraat*.

BESICHTIGUNGEN

Begijnhof

In diesem Beginenhof aus dem 18. Jh. kann man an den Fenstern der Häuser schön die verschiedenen Stilepochen erkennen. Im ältesten Teil des Innenhofes ist die Provinzbibliothek untergebracht. *Zuivelmarkt*

Japanischer Garten

Der beste Park dieser Art in Europa. *1.4. bis 30.10. Di–Fr 10–17 Uhr, Sa–So 14–18 Uhr, Eintritt 100 bfr. Kapermolenpark*

Onze Lieve Vrouwekerk

Die barocke, im Zweiten Weltkrieg zerstörte Liebfrauen-Kirche enthält monumentale Grabmäler von Äbtissinnen und ein berühmtes Madonnen-Bild aus dem 14. Jh. Alle sieben Jahre findet zu deren Verehrung die Virga-Jesse-Wallfahrt statt; das nächste Mal 1996. Auf dem kleinen Vorplatz steht das Bronzedenkmal des Stadtriesen »Langeman«. *Kapelstraat*

St. Quintinuskathedraal

In der Kathedrale, deren Ursprunge bis ins 11. Jh. zurückreichen, findet man jede Stilepoche. Der frühgotische Turm kann bestiegen werden. *Fruitmarkt*

MUSEEN

Genevermuseum

In der gefliesten »Probierstube« des Hauses werden Hasselter *wittekes* (»Kleine Weiße«) zu 60 bfr das Glas ausgeschenkt. Im Haus befindet sich auch das Städtische Museum. *Di–Fr 10–17, Sa–So 14–18 Uhr, Eintritt 90 bfr, Witte Nonnenstraat 19, Tel. 011/24 11 44*

EINKAUFEN

Hasselter Spezialitäten sind Genever, Haselnußtorte und das ganze Jahr hindurch Spekulatius. Einkaufsstraßen: *Koning Albert-, Hoog- und Demeterstraat*

MÄRKTE

Dienstag und Freitagvormittag ✪ allgemeiner Wochenmarkt im Zentrum. Abendmarkt am ersten Montag im Juni.

RESTAURANTS

Das gute Leben hat in Limburg Tradition. Vielfältig und groß ist die Zahl von Restaurants mittlerer und herausragender Kategorien. Als zuverlässiger Restaurant-führer gilt *Gastronomie Limburg*, erhältlich beim Verkehrsamt.

Figaro

In Weiß und Blau gehaltenes Restaurant mit Terrasse. Die Küche ist kreativ, vorzüglich die Fischgerichte. *Mo und Mi geschl., Mombreekdreef 30, Tel. 011/27 25 56, Kategorie 1*

Gulden Schalmei

✪ Traditionsreiches Haus, in dem die Flamen gerne Feste feiern. Angenehmes Ambiente, die Besitzerin steht selbst am Herd und kocht. *Zolder, Herderspad 153, Tel. 25 17 50, Kategorie 1*

Parkhotel
Modern, mit gepflegter Landesküche. Gleichzeitig Komforthotel mit 36 Zi. *Sa und So geschl., Genkersteenweg 350, Tel. 21 16 52, Kategorie 2*

Scholteshof
Außerhalb der Stadt gelegener Landgasthof. In der Gutsherrenanlage aus dem 17. Jh. wird die beste Küche Flanderns auf höchstem Niveau zubereitet. 18 geschmackvolle Zimmer. Wie überall, wo Qualität geboten wird, muß man Wochen vorher reservieren. *Im Januar sowie Mi geschl., Kermtstraat 130, Stevoort, Tel. 011/25 02 02, Kategorie 1*

Century
Stadthotel, relativ ruhig gelegen. 17 Zi. *Leopoldplein 1, Tel. 22 47 99, Kategorie 2*

Hassotel
Zentral gelegenes Komforthotel. 30 Zi. *Sint-Jozefsstraat 10, Tel. 22 64 92, Fax 22 94 77, Kategorie 2*

Holiday Inn
Erstes Haus am Platz mit allem Komfort wie Schwimmbad, Sauna und Fitneß-Center. Wochenend-Arrangements. 107 Zi. *Kattegatstraat 1, Tel. 24 22 00, Fax 22 39 35, Kategorie 1/2*

Durch die Umgebung der »Geneverstadt« führen neun ausge-

schilderte Wanderwege. Unter der Schirmherrschaft der Stadt steht der Kinderbauernhof *Domein Kiewit* (Domäne Kiebitz) mit Zeltplatz für Jugendliche. *Eintritt frei, Putvennenstraat, Tel. 21 08 49*

Die *Sint Michielsdomein* ein Vergnügungspark mit Minigolfanlage, Spielplätzen und Angelteichen. *Eintritt frei, Borggravevijverstraat 7*

Im August findet das Musikfestival statt. Jeden Samstagabend wird im Sommer ein Konzert mit dem Glockenspiel der Kathedrale am Fruitmarkt gegeben.

Dienst voor Toerisme
Mo—Fr 9—13 und 14—17 Uhr, Tel. 011/23 95 40, Fax 22 57 42, Lombaardstraat 3, B-3500 Hasselt

(L 3) ★ Am linken Ufer der Maas liegt diese historische Stadt, die seit der Gemeindereform von 1977 21 000 Ew. zählt. Im Jahr 1244 als das Handelszentrum Nieuw-Eycke gegründet, entwickelte sich der Ort im 14. Jh. zu einer strategisch wichtigen Stadt. Im Laufe der Jahrhunderte wurde Maaseik des öfteren belagert, geplündert und zerstört. Vom historischen Teil ist nur noch ein Stück Stadtwall erhalten geblieben. Im alten Kern findet man aber noch zahlreiche Gebäude im Stil der Maasländischen Renaissance und gleich drei barocke Kirchen: die *Katharinen-*, die *Franziskaner-* und die *Kreuzherren-* oder *St. Jakobskirche*. Auf dem weiträumigen *Grote Markt* steht das Denkmal der Brüder Hubert

und Jan van Eyck, die hier An-
fang des 15. Jhs. geboren wurden
(höchstwahrscheinlich) und von
denen das berühmte Altarbild
»Die Anbetung des Lammes«
stammt, das in der Genter Kathedrale St. Bavo zu besichtigen ist.
Maaseik ist zudem ein bekanntes Wassersportzentrum.

BESICHTIGUNGEN

Die Stadtwanderung dauert etwa eine Stunde, und man beginnt auf dem fast rechteckigen
Grote Markt, in dessen Mitte das
Marmorstandbild der Eyck-Brü-
der steht. Die im maasländischen
Stil erbauten Häuser tragen zum
Teil noch ihre alten Namen. Das
schmalste Haus der Provinz
steht an der Ecke zur *Bosstraat*
und heißt *De Nootstal*: der Giebel
ist ganze zwei Meter breit. Sehenswert auch *Den Swaen* sowie
die älteste Apotheke Belgiens
(*De Oude Apotheek*, Nr. 46), eingerichtet als Museum, und *De
Oranieboom* (*Nr. 45*, heute Verkehrsamt). Das Rathaus stammt
aus dem letzten Jh. Ebenfalls am
Markt, in der *Boomgaardstraat Nr.
30*, steht jenes Haus, in dem die
Bokkerijders zwischen 1780–85
ihre Treffen abhielten. Die *Bokkerijders* waren der Überlieferung
nach eine Räuberbande, die auf
Ziegenböcken durch die Luft
fegten. Das schönste Haus *De Ver-
keerde Wereld* steht in der *Bosstraat*;
im *Stenen Huis, Nr. 21*, residierte
der Abgesandte des Fürstbi-
schofs von Lüttich. Der Spazier-
gang geht durch die *Halstraat*
über die *Capucienenstraat* hin zur
Grote Kerkstraat. In der *Catharina-
kerk* werden seltene Kirchenfun-
de bewahrt, darunter auch das älteste Buch des Landes, der *Codex*

Eyckensis, ein Evangeliar aus dem
8. Jh. Die reich illustrierte Hand-
schrift stammt aus der zwei Kilometer entfernten Abtei *Aldeneik.
Juli–Aug.:* So-Nachmittag Maas-
fahrten mit der »de Paep«, außerdem Ballonfahrten über das
Maasland (**L 3**)

MUSEUM

Die historische Apotheke, eine
Bäckerei und das regionale Ar-
chäologische Museum bilden gemeinsam das *Museactron. Di–So
10–12 Uhr und 14–17 Uhr, Grote
Markt 46*

RESTAURANTS

Prinsenhof
Feines Stadtrestaurant mit krea-
tiver Küche. *Fr und Sa-nachm.
geschl., Kon. Albertlaan 28, Tel.
56 51 63, Kategorie 2*

Oeterdal
Landschaftlich schön liegt dieses
Restaurant mit Gartenterrasse.
Gleichzeitig Komforthotel mit
22 Zi. *Neeroeterenstraat 41, Tel.
86 37 17, Kategorie 2*

Van Eyck
Am malerischen Marktplatz
steht das historische Haus, das
sich seit drei Generationen im
Familienbesitz befindet. Spezialitäten sind Fisch- und Wildge-
richte. *Mi geschl., Markt 48, Tel.
5 56 40 51, Kategorie 2/3*

HOTELS

Aldeneikerhof
Familienhotel in stimmungsvol-
ler Umgebung. 8 Zi. *Hamontweg
103, Tel. 56 67 77, Fax 089/
56 67 78, Kategorie 2*

Jagershof
Intimes Haus in Maaslandschaft.
6 Zi. *Diessersteenweg 221, Tel.
86 56 32, Kategorie 2*

Kastell Wurfeld
Stilvoller Landsitz inmitten Parkanlage. Angenehme Atmosphäre. 16 Zi. *Kapelweg 60, Tel. 56 81 36, Fax 089/56 87 89, Kategorie 2*

AUSKUNFT

Dienst voor Toerisme
Markt 45, Tel. 089/56 78 25, Fax 56 60 23

ZIELE IN DER UMGEBUNG

Aldeneik   (L 3)
Der Weiler ist fast vollkommen von Wasser umgeben, zahlreiche Baggergruben und Flußarme bilden das Wassersportzentrum Heerenvlak. Yachthafen mit 480 Liegeplätzen. Das Freizeitgebiet ist bei Deutschen sehr beliebt. Mittelpunkt von Aldeneik ist das im Jahre 730 gegründete Frauenkloster. An die Anlage erinnert noch die romanisch-gotische Abteikirche, die nur an Sonn- und Feiertagen geöffnet ist. Auf den Pfeilern des Mittelschiffes Fresken aus dem 12. und 13. Jh.

KINROOI

(**K 3**) Neben den Naturreservaten *Stramproyerbroek* und *Vijverbroek* ist vor allem dieser Ort (11 000 Ew.) als Wassersportgebiet bekannt. Eine ausgeschilderte Mühlenroute führt an drei der insgesamt 12 limburgischen Windmühlen entlang. In der *Zorgvlietmolen* in *Molenbeergen* ist ein bescheidenes Museum eingerichtet (nur im Sommer zugänglich).

AUSKUNFT

Dienst voor Toerisme
Maasstraat 50 B, Molenbeersel-Kinrooi, Tel. 089/56 47 36, Fax 56 47 36

MAASMECHELN

(**K 4**) Den Charakter dieses Gebietes bestimmen weit auseinander liegende Dörfer, die gemeinsam diese 34 000 Ew. große Gemeinde bilden. Ein kaum bekanntes Naturgebiet ist *De Mechelse Heide*, links von der Maasmechelner Achse. Reste der romanischen Burg *Elsoo*, in der deutsche Kaiser bis zur Eroberung durch die Normannen 881 wohnten, sind in *Kotem* bei *Boorsem* zu sehen. Von Boorsem sind Deichwanderungen nach *Uikhoven* möglich. Einsame Dörfer sind *Meeswijk* und *Leut* mit Gebäuden im maasländischen Stil, beschaulich auch das Städtchen *Rekem* an der Maas. Das grüne Maasland ist ein Radlerparadies. Mehrere Hotels bieten Pauschalen ab 1 800 bfr pro Tag an, incl. Ü/F, Lunchpaket und Drei-Gänge-Menü.

AUSKUNFT

Dienst voor Tourisme
B-3630 Maasmechelen, Tel. und Fax 089/75 76 12

SINT TRUIDEN

(**I 4**) Niemand hat sie gezählt, aber Schätzungen besagen, daß fast 200 000 Obstbäume im weiten Kreis um die alte Handelsstadt des Haspengaus wachsen. Im Frühsommer werden Kirschen, im Herbst Pflaumen, Äpfel und Birnen geerntet, die auf dem Markt direkt vom Bauern gekauft werden können oder von der größten Obstversteigerung des Landes aus ihren Weg in die Welt finden. Erbaut wurde die Stadt rund um die im 7. Jh. gegründete Abtei *St. Trudor*. Durch ihre Lage an der Handelsroute Köln-Brügge kam die »Fruchtstadt« schnell zu Wohlstand. Der Marktplatz ist nach *St. Niklaas* der größte des Landes: Parkprobleme im Zentrum gibt es nicht. Zahlreich die Terrassenlokale, in denen man Spezialitäten wie Kirschkuchen und Binkenbier angeboten bekommt.

BESICHTIGUNGEN

Altstadt

Drei Türme beherrschen den Markt. Der 1606 erbaute schlanke Belfried des barocken, 1754 in Mergel- und Ziegelstein errichteten Rathauses; dahinter der Turm der Liebfrauenkirche (gotisch, mehrfach abgebrannt und 1972 renoviert), und unmittelbar daneben der Turm des 102 Meter langen romanischen Westbaus der ehemaligen Benediktiner-Abtei.

MUSEEN

Agneskerk

In der aus dem 13. Jh. stammenden Kirche des Beginenhofes sind 34 Wandmalereien aus dieser Zeit erhalten geblieben. In St. Agnes ist das *Provinciaal Museum voor Religieuze Kunst* untergebracht. Sehenswert sind vor allem die alten Grabkreuze und die liturgischen Gewänder. *Di bis Sa 8.30–12.30 Uhr und 13.30 bis 17.30 Uhr. Eintritt 30 bfr, Hasseltseweg*

Brustempoort-Museum

Unter dem mittelalterlichen Stadttor (15. Jh.) Kasematten mit Kanonen und Rüstungen. *Ostern bis 30. Sept., So und Feiertage 13.30–17.30 Uhr, Eintritt 20 bfr, Luikerstraat / Europaplein*

Festraets-Studio

Mittelpunkt der Ausstellung ist die 1942 aus 20 000 Einzelteilen erbaute astronomische Uhr. Der Welt größtes feinmechanisches Instrument, gefertigt von *Kamiel Festraets* , ist sieben Meter hoch und wiegt vier Tonnen. Wenn die Uhr schlägt, tritt aus ihr der Tod als Sensenmann heraus, gefolgt von Symbolfiguren der zwölf mittelalterlichen Zünfte. Im Museum steht außerdem ein Nachbau des Foucaultischen Pendels. Sehenswert auch das »Wunderschiff«. *Ostern–31. Okt. 9.45–11.45, 13.45–16.45 Uhr Sa nachm. geschl., Eintritt 50 bfr, Begijnhof 24*

RESTAURANTS

De Mein

Fischspezialitäten in stilvoller Umgebung. *Sa-nachm. und So geschl., Meinstraat 3, Tel. 011/68 97 34, Kategorie 2*

Jacques

Am Stadtrand gelegenes, stimmungsvolles Restaurant, in dem Sie mit sorgfältig zubereiteten limburgischen Spezialitäten verwöhnt werden. *Di und Sa geschl., Luikersteenweg 268, Tel. 011/68 39 65, Kategorie 2*

EINKAUFEN

In dem Handelsplatz der Haspengauer Obstbauern ist die

Auswahl an Früchten traditionell gut. Die Anzahl der Obstgeschäfte wird allein noch durch die der Patisserien überboten. Spezialitäten sind Käsekuchen, *kattekoppen* (Apfel in Blätterteig) und Fruchtsäfte sowie Fruchtweine und Konfitüre.

Märkte
✪ Antik- und Gebrauchtwaren-Markt: *Speelhoflaan, Sa 10–16 Uhr*; Allgemeiner Markt: *Grote Markt, Sa 7–12 Uhr*; Viehmarkt: *Speelhoflaan Do 6–10 Uhr*; Abendmarkt: *Grote Markt, Ende Juni 20–23 Uhr*

HOTELS

Cicindria
Wer ein angenehmes Quartier in Altstadtnähe sucht, ist hier richtig. 26 Zi. *Abdijstraat 6, Tel. 68 13 44, Kategorie 2*

New Charlton
Komforthotel am Stadtrand. 18 Zi. *Luikersteenweg 232, Tel. 67 22 11, Fax 67 36 88, Kategorie 2*

Regency
Solides Hotel mit Komfort und einfachem Restaurant. 11 Zi. *Schepen de Jonghstraat 43, Tel. 68 48 81, Kategorie 3*

AM ABEND

Im Sommer spielt der Glockenspieler Noël Reynders auf dem Carillon, *So 19–20 Uhr*

AUSKUNFT

Dienst vor Tourisme
Stadthuis, Grote Markt, B-3800 Sint Truiden, Tel. 011/68 62 55, Fax 69 11 78

ZIELE IN DER UMGEBUNG

Das Haspengauer Land rund um Sint Truiden eignet sich für kleinere Entdeckungsreisen. Die *Haspengouw-Route* führt an schönen Bauerndörfern und alten Schlössern vorbei und immer wieder durch die liebliche Obst-Plantagenlandschaften. In *Ordingen* steht eine Kommandantur des Deutschen Ordens, in *Brustem* eine Burgruine aus dem 12. Jh., weitere Schlösser finden sich in *Gelmen, Duras, Heks, Rijkel* und *Heers. Kortenbos* ist ein bekannter Wallfahrtsort mit einer sehenswerten barocken Liebfrauenbasilika. Unweit der Kirche das Schloß Kortenbos (18. Jh.).

Ein Tip: Am schönsten ist eine Fahrt durch den Haspengau zur Zeit der Baumblüte im Frühjahr.

TONGERN

(**I–K 5**) Der stumpfe, 64 Meter hohe Turm der Liebfrauenbasilika ist der Blickfang der ältesten Stadt des Landes. Der geschäftige Handelsplatz (30 000 Ew.), 105 m hoch gelegen, hieß in römischer Zeit *Atuatuca Tungrorum*. Auf dem *Grote Markt* beeindruckt das Denkmal des Ambiorix, jenes Eburonenfürsten, der gemeinsam mit anderen gallischen Stämmen 54 v. Chr. eineinhalb römische Legionen vernichtend schlug. Cäsar nahm Rache und ließ das Volk der Eburonen fast ausrotten. Tongern war in früheren Jahrhunderten größer als heute, wie die einst rund 4,5 km lange äußere und die 2,7 km innere Stadtmauer beweisen. Bruchstücke davon sind noch erhalten. Die im Mittelalter blühende Stadt wurde 1677 von

französischen Truppen einge-
äschert. Von dieser Katastrophe
sollte sich der Ort, mit sieben
Straßen damals ein wichtiger
Verkehrsknotenpunkt, nicht
mehr erholen. Von den keltischen Ursprüngen Tongerns
zeugen die zahlreichen *Tumuli*,
Grabhügel, die in der Umgebung der Stadt noch zu sehen
sind, vor allem an der Straße nach
Bavai, im heutigen Französisch-
Flandern.

Begijnhof

Der Beginenhof, gegründet
1257, stammt in seiner jetzigen
Form aus dem 18. Jh., der Zeit
seiner größten Blüte. In den 90
Häusern wohnten rund 300 Beginen. Das mit einer Mauer von
der Außenwelt abgeschirmte
Viertel hat sechs Gassen, drei
Wasserpumpen, ein Brauhaus,
ein Krankenhaus und die Catha-
rinakirche, erbaut im romanisch-
gotischen Stil (13. Jh.). An den
Beginenhof angelehnt ist der malerische *Lakenmakerstoren* (Tuch-
macherturm). Er ist einer der ursprünglich 60 Stadttürme, die
von den Handwerksgilden
bewacht wurden. Diesen Turm
bewachte die Zunft der Tuch-
weber.

Rathaus

Nach der Einäscherung der Stadt
im Jahr 1677 wurde zwischen
1737–1755 ein neues Rathaus
im maasländischen Stil (einer
Mischform aus Renaissance und
Rokoko) gebaut. Das Gebäude
ist eine Kopie des Lütticher Rathauses, eingerichtet ist es im
Ludwig-XV-Stil des 18. Jhs. *Stadhuisplein*

Römisches Tor

Am *Graanmarkt* stehen die Reste
der zweiten römischen Stadtmauer. Die Anlage kann besichtigt werden.

O. L. Vrouwebasiliek

Hinter dem Bronzedenkmal
des Ambiorix, der Cäsars Legionen besiegte, erhebt sich die
Liebfrauenkirche. Im Innern der
Basilika, an der drei Jahrhunderte gearbeitet wurde, beeindruckt
im romanischen Kreuzgang der
streng stilisierte, monumentale
Christus am Kreuz. Im Chor ein
großartiger Schnitzaltar (um
1520). Die Schatzkammer gilt
als die reichste des Landes; sie
enthält auch Arbeiten aus der
spätrömischen und aus der Merowingerzeit. *1. April–30. Sept. tgl.
10–12 Uhr und 13.30–17 Uhr,
Eintritt 100 bfr, GroteMarkt*

Provinciaal Gallo-Romeins-
Museum

Das Gallo-Romanische Museum zeigt in einem modernen
Gebäude Fundstücke aus der
prähistoirschen und römischen
Epoche Limburgs, u.a. Gläser,
Schmuck und Münzen sowie
Keramik und Waffen aus der
merowingischen Zeit. Wertvoll-
stes Stück ist ein 1989 entdeck-
tes römisches Bodenmosaik. *Di,
Fr, Sa/So 10–18, Mo 12–18 Uhr,
Mi und Do 10–21 Uhr, Eintritt 200
bfr, Kielenstraat 15*

Biessenhuys

Fürstlich speisen in historischem
Rahmen. In diesem Refugien-
haus des Ritterordens werden

Spezialitäten wie Kalbsleber in Blätterteig und andere limburgische Köstlichkeiten serviert. *Di und Mi geschl., Hasseltsestraat 23, Tel. 23 47 09, Kategorie 1*

Tungri

Modernes Restaurant, in dem die Bürger gerne ihre Familienfeste feiern. Klassische Küche und 20 komfortable Zimmer. *Veemarkt, Tel. 23 97 16, Kategorie 2*

HOTELS

Ambiotel

Komforthotel, zentral gelegen. 22 Zi. *Veemarkt, Tel. 26 29 50, Fax 26 15 42, Kategorie 2*

Bavershof

Einfaches Stadthotel. 9 Zi. *Eiderenstraat 133, Tel. 23 43 18, Kategorie 3*

MÄRKTE

Antik- und Altwarenmarkt: *So 3 Uhr früh bis 13 Uhr am Leopoldwal,* Wochenmarkt: *Do, Zentrum*

AUSKUNFT

Dienst voor Toerisme

Stadhuisplein 9, B-3700 Tongern, Tel. 012/39 02 55, Fax 39 11 43

VOEREN

(**K 5**) ★ Die meisten Flandern-Reisenden versäumen es, einen Abstecher in die sogenannte *Voerstreek* zu machen. Diese ❄ liebliche hügelige Landschaft mit ihren sechs Dörfern (4200 Ew.) gehört seit 1963 zur Provinz Limburg und hat in den letzten Jahren wegen des Sprachenstreits zwischen Flamen und Wallonen immer wieder Schlagzeilen gemacht. Mehrere Regierungen stürzten wegen des politischen Zankapfels Voeren, aber seit 1990 ist es ruhig. Die Auseinandersetzungen gehen bis ins Mittelalter zurück, als durch diese Grenzlandschaft die Trennungslinie zwischen den nördlichen und südlichen Niederlanden gezogen wurde und die Enklave sich stark auf Wallonien ausrichtete. Die Voerstreek liegt in unmittelbarer Nachbarschaft zu den drei Städten Lüttich, Aachen und Maastricht. Von den sechs Dörfern haben sich *Remersdall* und *Teuven* am stärksten an Wallonien angeschlossen, die anderen vier — *Gravenvoeren, St. Martens, St. Pieters* und *Moelingen* — gelten als flämisch. Die dünnbesiedelte, wahrhaft idyllische Landschaft ist wie geschaffen zum Wandern und ideal für einen Kurzurlaub.

HOTEL-RESTAURANTS

Hof De Draeck

Stilvolles Schloßhotel in Hügellandschaft. Gekocht wird traditionell. Die Bedienung ist aufmerksam und gibt dem Gast das Gefühl, daheim zu sein. 7 Zi. *Hofstraat 6, Teuven-Voeren, Tel. 041/ 811017, Fax 811188, Kategorie 2*

De Mot

Ländliches Familienhotel, in der Hügellandschaft gelegen, rustikal und ruhig, ideal für Kinder, *Komberg 30 a, St. Martensvoeren, Tel. 041/810808, Kategorie 2*

AUSKUNFT

Dienst voor Toerisme

Boomstraat 139 a, Gravenvoeren, Tel. 041/810736, Fax 812159

Von Auskunft bis Zeitung

Tips und Ratschläge kurzgefaßt für Ihre Flandernfahrt

AUSKUNFT

Belgisches Verkehrsamt
Berliner Allee 47, 40212 Düsseldorf, Tel. 0211/86 48 40, Fax 13 42 85. Das Verkehrsamt ist auch für die Schweiz, Österreich und Liechtenstein zuständig.

Tourismus-Zentrale Flandern
B-1000 Brüssel, Grasmarkt 63, Tel. 02-504 03 90, Fax 504 02 70

Belgium Tourist Reservations
Anspachlaan 111, Postbus 4, B-1000 Brüssel, Tel. 02/5 13 74 84, Fax 513 92 77 (kostenlose Zimmerreservierung in Flandern). Alle Städte und größeren Orte haben Verkehrsämter: Dienst voor Tourisme, erkennbar am weißen »i« auf grünem Grund.
Vorwahl nach Belgien von Deutschland, Österreich, der Schweiz 00-32

AUTOFAHREN

Flandern ist mit dem Auto über das internationale Fernstraßen netz gut erreichbar; die Autobahnen sind nachts beleuchtet. Höchstgeschwindigkeiten: ge-schlossene Ortschaften 60 km/h, Landstraßen 90 km/h. Sicherheitsgurte sind Pflicht. Ein dichtes Tankstellennetz versorgt Sie preiswerter mit Benzin als in den benachbarten Ländern.

Notfälle
Royal Automobile Club de Belgique (R. A. C. B.). Tel. 02/736 59 59. Die Wagen der *Touring Wegenhulp* sind von 7–24 Uhr auf den Autobahnen unterwegs.
SOS Pannenhilfe Tel. 070/34 47 77

Notruf landesweit
100 (Krankenwagen)
101 (Polizei)

BOTSCHAFTEN

Botschaft der Bundesrepublik Deutschland
B-1150 Brüssel, Tervurenlaan 190, Tel. 02/774 19 11

Österreichische Botschaft
B-1050 Brüssel, Rue de L'Abbaye 47, Tel. 02/231 05 00

Schweizer Botschaft
B-1040 Brüssel, Rue de la Loi 26, Tel. 02/230 61 45

BUSSE

Alle Ortschaften werden von Regionalbussen angefahren. Reisebüros bieten eine breite Auswahl an Pauschalarrangements an, in denen Anfahrt mit dem Bus und Hotelaufenthalt inbegriffen sind. Auskunft beim Belgischen Verkehrsamt

CAMPING

Die Zahl der klassifizierten Campingplätze ist groß. Vor allem an der Küste und in Limburg gibt es zahlreiche erstklassige Plätze. In Flandern ist freies Zelten für 24 Stunden mit Zustimmung des Grundstücksbesitzers gestattet. Wildes Zelten am Strand und entlang den Flüssen dagegen ist verboten. Ausführlicher Camping-Katalog beim *Belgischen Verkehrsamt.* Zeltplätze sind in der *Michelinkarte Nr. 409* aufgeführt.

GELD

Die Währungseinheit ist der Belgische Franken (BF oder bfr). Es gibt Münzen zu 1, 5, 20 und 50 Centimes, Banknoten zu 100, 500, 1000, 2000, 5000 und 10 000 bfr. Problemlos kann man mit Kreditkarten und Euroschecks bezahlen. Die Banken sind normalerweise *Mo–Fr von 9–12 und von 14–16 Uhr* geöffnet. In den Bahnhöfen größerer Städte und in Touristenzentren sind die Wechselstuben auch am Wochenende geöffnet.

FKK

In Flandern und an der Küste kennt man keine offiziellen FKK-Plätze. Auskunft: *Belgische Naturisten FBN, St. Thomasstraat 24, Antwerpen*

FOTOGRAFIEREN

Die Preise für Filmmaterial entsprechen denen in Deutschland oder in Österreich. In den angrenzenden Niederlanden liegen sie 30–50 Prozent höher.

HAUSTIERE

Wer Haustiere (Katze oder Hund) mitnehmen möchte, benötigt nur noch ein normales Impfzeugnis.

INFORMATIONEN

Die Verkehrsämter *(Dienst voor Toerisme)* erkennt man am weißen »i« auf grünem Hintergrund. Die Verkehrsämter liegen im Zentrum, meist im Rathaus der betreffenden Gemeinde.

JUGENDHERBERGEN

Flanderns Jugendherbergen stehen in *Antwerpen, Brügge, Brüssel, Diest, Diksmuide, Genk, Mecheln, Huizingen, Kortrijk, Löwen, Moerbeck, Nijlen (Lier), Oostduinkerke, Ostende, Poperinge, Ronse und Zoersel.* In den Sommermonaten unbedingt den Schlafplatz reservieren; internationaler Jugendherbergsausweis erforderlich. *VJH-Zentrale: Van Stralenstraat 40, B-2060 Antwerpen, Tel. 03/ 232 72 18, Fax 231 81 26*

KLIMA/REISEZEIT

Das Seeklima bestimmt die milden Winter und angenehmen Sommer. An der Küste liegen die

Temperaturen im Juli und August zwischen 21 und 27 Grad. Für einen Badeurlaub eignen sich diese beiden Monate am besten. Immer populärer werden Wochenend-Ausflüge an die Küste im Herbst und Frühjahr. Für Städtetouren empfehlen sich ebenfalls die Monate im Frühjahr und im Herbst.

MUSEEN

Die Museen haben recht unterschiedliche Öffnungszeiten. Generell gilt: *Tgl. außer Mo 10–17 Uhr.* Auch an Sonntagvormittagen können einige Häuser geschlossen haben. Eingeschränkte Öffnungszeiten gelten für kleinere Sammlungen auch im Herbst und Winter.

NETZSPANNUNG

Die elektrische Spannung beträgt wie bei uns 220 Volt.

NOTRUFE

Wählen Sie landesweit 100 (Ambulanz und Feuerwehr) oder 101 (Polizei).

ORTSNAMEN

Die Städte- und Dorfnamen sind jeweils in der Sprache der betreffenden Provinz geschrieben: Auf den Fernstraßen findet man entweder den Namen in französischer oder niederländischer Sprache: Aalst – Alost, Antwerpen – Anvers, Aarlen – Arlon, Brugge – Bruges, Brussel – Bruxelles, De Haan – Le Coq, Gent – Gand, Ieper (= Ypern) – Ypres, Koksijde – Coxyde, Kortrijk – Courtai, Leuven (= Löwen) – Louvain, Oudenaarde – Audenarde, Sint Truiden – Saint-Trond, Tongeren (= Tongern) – Tongres, Doornik – Tournai.

POLIZEI

Unterschieden wird zwischen städtischer Polizei und der *Rijkspolitie,* die nicht den besten Ruf hat. Ausländische Gäste können aber im Regelfall auf Hilfe rechnen. Bei Verkehrsübertretungen müssen Ausländer die Strafe sofort in bar oder per Scheck bezahlen. Polizeinotruf landesweit 101.

POST

Die meisten Fernsprecher funktionieren nur noch mit der *Télécard.* Eine Télécard im Wert von 200 oder 1000 bfr erhält man im Postamt oder Bahnhof. Die wenigen verbliebenen Münzfernsprecher akzeptieren nur 5-bfr- und 20-bfr-Münzen. Für Gespräche nach Deutschland ist die Vorwahl 0049, in die Schweiz 0041 und nach Österreich 0043. Briefe und Postkarten kosten 16 bfr (EU). *Die Postämter sind Mo bis Fr von 9–12 und 14–16 Uhr geöffnet (in größeren Städten bis 17 Uhr), am Samstag von 9–12 Uhr*

RAUCHVERBOT

In allen öffentlichen Verkehrsmitteln, auf Straßen, Plätzen und Bahnhöfen ist das Rauchen streng untersagt.

SPRACHE

Das Land ist offiziell dreisprachig: Niederländisch, Französisch und Deutsch. Niederländisch (»Flämisch«) wird in ganz Flandern gesprochen. An der Küste, in Limburg und den großen Städten Antwerpen, Gent, Brügge wird auch Deutsch verstanden.

rants ist das Trinkgeld *(fooi)* zwar offiziell im Endpreis enthalten, aber wenn alles zur Zufriedenheit gewesen war, sollte man die Rechnung um bis zu zehn Prozent aufrunden.

TRINKGELD

Kleine Dienste sollten immer mit einigen Franken belohnt werden: Zimmermädchen erhalten pro Tag 100 bfr, Toiletten- und Garderobenpersonal in Kino, Konzertsaal, Theater zwischen 15 und 20 bfr. In Restau-

ZEITUNGEN

Die überregionalen Blätter wie Frankfurter Allgemeine, Süddeutsche Zeitung, Die Zeit sind in allen Städten am Erscheinungstag erhältlich. Während der Sommersaison gibt es auch die großen Regionalzeitungen.

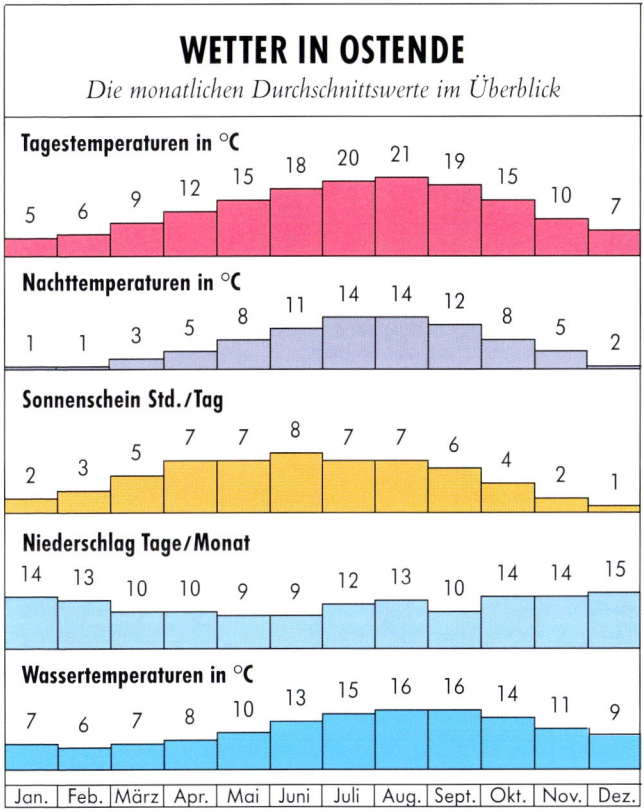

WETTER IN OSTENDE

Die monatlichen Durchschnittswerte im Überblick

Tagestemperaturen in °C

Jan.	Feb.	März	Apr.	Mai	Juni	Juli	Aug.	Sept.	Okt.	Nov.	Dez.
5	6	9	12	15	18	20	21	19	15	10	7

Nachttemperaturen in °C

Jan.	Feb.	März	Apr.	Mai	Juni	Juli	Aug.	Sept.	Okt.	Nov.	Dez.
1	1	3	5	8	11	14	14	12	8	5	2

Sonnenschein Std./Tag

Jan.	Feb.	März	Apr.	Mai	Juni	Juli	Aug.	Sept.	Okt.	Nov.	Dez.
2	3	5	7	7	8	7	7	6	4	2	1

Niederschlag Tage/Monat

Jan.	Feb.	März	Apr.	Mai	Juni	Juli	Aug.	Sept.	Okt.	Nov.	Dez.
14	13	10	10	9	9	12	13	10	14	14	15

Wassertemperaturen in °C

Jan.	Feb.	März	Apr.	Mai	Juni	Juli	Aug.	Sept.	Okt.	Nov.	Dez.
7	6	7	8	10	13	15	16	16	14	11	9

Bloß nicht!

Flandern zählt zu jenen Reisezielen, in denen der Besucher noch nicht mit Betrug und Diebstahl rechnen muß — für unangenehme Dinge sorgen meist die Touristen selbst

Bahnhof

Auf den Bahnhöfen und in den internationalen Zügen — nach Amsterdam oder Paris — ist besondere Vorsicht geboten. Achten Sie auf Ihr Gepäck, im Gedränge auf die Geldbörse.

Gottesdienste stören

Die Kathedralen und Kirchen sind nicht nur Museen, sondern werden von Gläubigen zum Gebet und Gottesdienst aufgesucht. Respektieren Sie bitte die abgesperrten Seitenschiffe und Kapellen. Verhalten Sie sich rücksichtsvoll und verzichten Sie auf blitzende Kameras.

Handeln oder Feilschen

Anbiedern oder Handeln wird man in Geschäften oder auf Märkten kaum erleben. Den meisten Flamen liegt es fern, Besucher zu übervorteilen. Nur auf Flohmärkten oder in Antiquitätenläden lohnt es sich, über den Preis zu sprechen.

Märkte und Lokale

Zahlreiche Touristen machen nicht nur die Terrassen und Lokale, sondern auch die Märkte unsicher. Es kommt regelmäßig vor, etwa in Antwerpen auf dem »Vogelmarkt«, daß Einheimische ärgerlich werden, weil Ausländer außer Kontrolle geraten. Die Flamen führen das auf ihr starkes Bier zurück, das zwar gut schmeckt, es aber »in sich hat«.

Rauchen

Besucher müssen sich darauf einstellen, daß an folgenden Orten das Rauchen verboten ist: auf allen Bahnhöfen, in Kirchen, Banken, Postämtern und anderen öffentlichen Gebäuden.

Restaurants

Unter den vielen Restaurants und Lokalen gibt es einige, die gar zu appetitanregend nach außen hin mit Fisch und Austern, mit Hasen und Kaninchen werben. Seien Sie skeptisch! Auch bei jenen, die mit vielsprachigen Speisekarten und Werbezetteln Reklame machen, sollte man vorsichtig sein. Kontrollieren Sie die Kreditkartenzettel und die Rechnungen. Es kann passieren, daß man sich zu Ihren Ungunsten verrechnet.

Sonntagsruhe

Zahlreiche Restaurants haben am Sonntagmittag geschlossen. Sich vorher erkundigen, ob das betreffende Haus tatsächlich geöffnet ist.

In diesem Register sind alle in diesem Führer erwähnten Orte verzeichnet

Was bekomme ich für mein Geld?

 Der Wechselkurs gegenüber der D-Mark ist relativ konstant. Die Währungseinheit ist der Belgische Franken (Franc, BF oder bfr). Es gibt Geldscheine zu 100, 500, 1000, 5000 und 10000 bfr, außerdem Münzen im Wert von 1, 5, 20 und 50 bfr.

Für eine Mark erhält man ca. 20 bfr, oder 100 bfr sind fünf Mark (genau 4,95 DM). 100 bfr sind 35 öS und 4,12 sfr. Eurocheques können bis zu einer Summe von 7000 bfr ausgestellt werden. Fast alle Hotels, Restaurants, Geschäfte der gehobenen Preisklasse und Autovermieter akzeptieren Kreditkarten. Einige Restaurants geben 5—10 Prozent Rabatt, wenn bar und nicht mit Kreditkarte gezahlt wird.

Für den Kaufkraftvergleich ein paar Orientierungswerte: Für eine Tasse Kaffee zahlt man 55, für ein kleines Bier 40 bfr, auf der Terrasse jedoch 70 bfr. Das Porto für eine Postkarte beträgt 16 bfr, eine Stunde Parken im Stadtzentrum kostet 20 bfr. Der Mindestpreis für eine Taxifahrt ist 100 bfr; die Fahrt vom Bahnhof Brügge zum Zentrum kostet etwa 250 bfr. Essen im Restaurant ist im allgemeinen teuer. Für ein Touristen-Menü muß man mit rund 600 bfr rechnen. Die Eintrittspreise für Museen differieren von freiem Eintritt bis zu 200 bfr. Der Liter Superbenzin ist für 32 bfr zu haben.

DM	bfr	bfr	DM
1	19,96	1	0,05
2	39,92	5	0,25
3	59,88	10	0,50
4	79,84	20	1,--
5	99,80	30	1,50
10	199,60	40	2,--
20	399,20	50	2,51
25	499,--	75	3,76
30	598,80	100	5,01
40	798,40	200	10,02
50	998,--	300	15,03
75	1.497,--	400	20,04
100	1.996,--	500	25,05
200	3.992,--	1.000	50,10
250	4.990,--	2.500	125,50
300	5.988,--	5.000	250,50
500	9.980,--	7.500	375,75
750	14.970,--	10.000	501,--
1.000	19.960,--	15.000	751,50
2.000	39.920,--	20.000	1.002,--

Sprechen und Verstehen ganz einfach

Zur Erleichterung der Aussprache sind alle niederländischen Wörter mit einer einfachen Aussprache (in eckigen Klammern) versehen.

AUF EINEN BLICK

Ja./Nein.	Ja. [jaa]/Nee. [nee]
Vielleicht.	Misschien. [misgien]
Bitte.	(Sie) Alstublieft. [alstüblieft]
	(Du) Alsjeblieft. [alscheblieft]
Vielen Dank!	Dank U wel. [dank ü wel]
Gern geschehen.	Graag gedaan. [graag gedaan]
Entschuldigung!	Neemt U mij niet kwalijk.
	[neemt ü mei niet kwalik]
Wie bitte?	Wat zegt U? [wat zegt ü]
Ich verstehe Sie/dich nicht.	Ik begrijp U niet.
	[ik begreip ü/je niet]
Ich spreche nur wenig …	Ik spreek alleen maar 'n beetje …
	[ik spreek alleen maar n beetje …]
Können Sie mir bitte	Kunt U mij alstublieft helpen?
helfen?	[künt ü mei alstüblieft helpen]
Ich möchte …	Ik wil …/Ik zou graag …
	[ik wil …/ik sau graag …]
Das gefällt mir (nicht).	Dat staat mij (niet) aan.
	[dat staat mei (niet) aan]
Wieviel kostet es?	Hoe duur is het?/Hoeveel kost het?
	[hu dühr is het/huveel kost het]
Wieviel Uhr ist es?	Hoe laat is het? [hu laat is het]

KENNENLERNEN

Guten Morgen!	Goedenmorgen! [gudenmorgen]
Guten Tag!	Dag!/Goedendag! [dag/gudendag]
Guten Abend!	Goedenavond! [gudenavont]
Hallo! Grüß dich!	Hallo!/Dag! [halloo/dag]
Mein Name ist …	Mijn naam is … [mein nahm is]
Wie ist Ihr Name, bitte?	Hoe heet U? [hu heet ü]
Wie geht es Ihnen/dir?	Hoe gaat het met U/jou?
	[hu gaht het met ü/jau]
Danke. Und Ihnen/dir?	Dank U wel. En met U/jou?
	[dank ü wel. En met ü/jau]
Auf Wiedersehen!	Tot ziens! [tot siens]

Auskunft

links/rechts	links/rechts [links/rechts]
geradeaus	rechtdoor [rechtdoor]
nah/weit	dichtbij/ver [dichtbei/ver]
Bitte, wo ist …?	Waar is …? [wahr ist …]
Hauptbahnhof	centraalstation [sentraalstaaschon]
U-Bahn	ondergrondse, metro [ondergrontse, meetroo]
Flughafen	luchthaven, vliegveld [lügthaafen, vliegvelt]
Wie weit ist das?	Hoe ver is dat? [Hu ver is dat]
Ich möchte … mieten.	Ik ben van plan … huren. [Ik ben van plan … te hüren]
… einen Wagen	… een wagen ['n waagen]
… ein Fahrrad	… een fiets ['n fiets]

Panne

Ich habe eine Panne.	Ik heb pech. [ik heb peg]
Würden Sie mir bitte einen Abschleppwagen schicken?	Wilt U mij alstublieft de sleepdienst/takeldienst sturen? [wilt ü mei alstüblieft de sleepdienst/taakldienst stüren]
Wo ist hier in der Nähe eine Werkstatt?	Waar is hier in de buurt een garage? [wahr is hier in de bürt een gaaraasche]

Tankstelle

Wo ist bitte die nächste Tankstelle?	Waar is het dichtsbijzijnde pompstation? [wahr is het digstbeiseinde pompstaaschon]
Ich möchte … Liter …	Ik wil graag … liter … [ik wil graag … lietr]
… Normalbenzin.	… gewone benzine. [gewohne benziene]
… Super./Diesel.	… super./diesel. [süper/diesl]
… bleifrei/verbleit.	… loodvrij/verlood. [lootfrei/verloot]
Volltanken, bitte.	Vol, alstublieft. [voll, alstüblieft]

Unfall

Hilfe!	Help! [help]
Achtung!	Let op!/Pas op! [let op/pas op]
Rufen Sie bitte schnell …	Belt U direkt … [belt ü dierekt]
… einen Krankenwagen.	… een ziekenwagen. [n sieknwaagn]
… die Polizei.	… de politie. [de poolietsie]
… die Feuerwehr.	… de brandweer. [de branntwehr]
Es war meine/Ihre Schuld.	Het was mijn/Uw schuld. [het war mein/üw gült]
Geben Sie mir bitte Ihren Namen und Ihre Anschrift.	Geeft U mij alstublieft Uw naam en Uw adres. [geeft ü mei alstüblieft üw nahm en üw adres]

ESSEN/UNTERHALTUNG

Wo gibt es hier … … ein gutes Restaurant?	Waar is hier … [wahr is hier …] … een goed restaurant? [een gut restoorant]
Gibt es hier eine gemütliche Kneipe?	Is er hier een gezellig kroegje? [is er hier een gesellig krugje]
Reservieren Sie uns bitte für heute abend einen Tisch für 4 Personen.	Wilt U (voor ons) voor vanavond een tafel voor vier personen reserveren? [wilt ü (vohr ons) vohr vanaavont een taafl vohr vier persoonen reeserveern]
Auf Ihr Wohl!	Proost!/Op Uw gezondheid! [proost/op üw gesontheit]
Die Rechnung, bitte.	De rekening, alstublieft. [de reekening, alstüblieft]

EINKAUFEN

Wo finde ich …?	War kun je … kopen? [wahr kün je … kopen]
Apotheke	apotheek [aapooteek]
Bäckerei	bakkerij [bakkerei]
Fotoartikel	fotoartikelen [footoo-artiklen]
Kaufhaus	warenhuis [wahrenheus]
Lebensmittelgeschäft	kruidenier [kreudenier]
Markt	markt [markt]

ÜBERNACHTUNG

Können Sie mir bitte … empfehlen? … ein gutes Hotel … eine Pension	Kunt U mij alstublieft … aanbevelen? [künt ü mei alstüblieft … aanbeveelen] … een goed hotel [een gut hootel] … een pension [een pensionn]
Haben Sie noch Zimmer frei? ein Einzelzimmer ein Doppelzimmer mit Dusche/Bad mit Blick aufs Meer für eine Nacht für eine Woche	Heeft U nog kamers vrij? [heeft ü nog kaamrs frei] een eenpersoonskamer [een eenpersoonskaamr] een tweepersoonskamer [een tweepersoonskaamr] met douche/bad [met dusch/batt] met uitzicht op de zee [met eutsigt op de see] voor een nacht [voor een nagt] voor een week [voor een week]
Was kostet das Zimmer mit … … Frühstück? … Halbpension?	Hoeveel kost logies met … [huveel kost looschies met] … ontbijt? … halfpension? [halfpensionn]

PRAKTISCHE INFORMATIONEN

Arzt

Können Sie mir einen
guten Arzt empfehlen?

Kunt U mij een goede dokter/arts
aanbevelen? [künt ü mei een gude doktr/
arts aanbeveelen]

Ich habe hier Schmerzen.

Ik heb hier pijn. [ik hep hier pein]

Bank

Wo ist hier bitte …
… eine Bank?
… eine Wechselstube?

Waar is hier … [wahr is hier]
… een bank? [een bank]
… een wisselkantoor?
[een wisselkantoor]

Ich möchte … DM
(Schilling, Schweizer
Franken) in Gulden/Francs
umwechseln.

Ik wil … Duitse mark (schilling,
Zwitserse franken) in guldens/franken
omwisselen. [ik will … Deutse mark
schilling, Switserse frankn) in güldens/
frankn omwisselen]

Post

Was kostet …
… ein Brief …
… eine Postkarte …
… nach Deutschland?

Hoeveel kost … [huveel kost]
… een brief … [een brief]
… een briefkaart … [een briefkaart]
… naar Duitsland? [naar Deutsland]

Zahlen

0	nul [nül]	19	negentien [neegentien]
1	één [een]	20	twintig [twintig]
2	twee [tweh]	21	één-en-twintig
3	drie [drie]		[een en twintig]
4	vier [vier]	30	dertig [dertig]
5	vijf [feif]	40	veertig [veertig]
6	zes [ses]	50	vijftig [feiftig]
7	zeven [seefen]	60	zestig [sestig]
8	acht [agt]	70	zeventig [seefentig]
9	negen [neegen]	80	tachtig [tagtig]
10	tien [tien]	90	negentig [neegentig]
11	elf [elf]	100	honderd [hondert]
12	twaalf [twaalf]	200	tweehonderd [twehhondert]
13	dertien [dertien]	1000	duizend [deusent]
14	veertien [veertien]	10000	tienduizend [tiendeusent]
15	vijftien [feiftien]		
16	zestien [sestien]	1/2	een half [een half]
17	zeventien [seefentien]	1/4	een vierde, een kwart
18	achttien [achtien]		[een vierde, een kwart]

Spijskaart
Speisekarte

<table>
<tr><td colspan="2">ONTBIJT</td><td colspan="2">FRÜHSTÜCK</td></tr>
</table>

zwarte koffie [swarte koffie]	schwarzer Kaffee
koffie met melk [koffie met melk]	Kaffee mit Milch
koffie zonder cafeïne	koffeinfreier Kaffee
[koffie sondr kafeïne]	
thee met melk/citroen	Tee mit Milch/Zitrone
[tee met melk/sitrun]	
kruidenthee [kreudentee]	Kräutertee
chocolademelk [schokolademelk]	Schokolade
vruchtensap [früggtensap]	Fruchtsaft
zachtgekookt ei [sachtgekookt ei]	weichgekochtes Ei
roerei [rurei]	Rührei
eieren met spek [eiere met spek]	Eier mit Speck
brood/broodje/toast	Brot/Brötchen/Toast
[broot/brootje/toost]	
boter [bootr]	Butter
kaas [kahs]	Käse
worst [worst]	Wurst
ham [hamm]	Schinken
honing [hooning]	Honig
jam [schem]	Marmelade
müsli [müslie]	Müsli

<table>
<tr><td colspan="2">VOORGERECHTEN</td><td colspan="2">VORSPEISEN</td></tr>
</table>

ansjovis [anschofis]	Sardellen
ardenner ham met meloen	Ardenner Schinken mit
[ardenner ham met meelun]	Melone
bokking [bokking]	Geräucherter Hering
garnalen [garnaalen]	Krabben
mosselen [mosselen]	Muscheln
oesters [usters]	Austern
paling [paaling]	Aal

<table>
<tr><td colspan="2">SOEPEN</td><td colspan="2">SUPPEN</td></tr>
</table>

bouillon [bujonn]	Fleischbrühe
groentesoep [gruntesup]	Gemüsesuppe
kippesoep [kippesup]	Hühnersuppe
heldere ossestaartsoep	Klare Ochsenschwanzsuppe
[heldre ossestaartsup]	
tomatensoep [toomaatensup]	Tomatensuppe
uiensoep [euensup]	Zwiebelsuppe

VLEESGERECHTEN   FLEISCHGERICHTE

biefstuk [biefstück]	Beefsteak
blinde vinken [blinde vinken]	Kalbfleischrouladen
kalfszwezerik [kalfssweeserik]	Kalbsbries
Lever [leefr]	Leber
ossetong [ossetong]	Ochsenzunge
varkenshaasje [varkenshaasje]	Schweinelende

GEVOGELTE EN WILD   GEFLÜGEL UND WILD

eend [eent]	Ente
gans [gans]	Gans
kalkoen [kalkun]	Truthahn
kip [kip]	Huhn
konijntje [kooneintje]	Kaninchen

VIS EN SCHAALDIEREN   FISCH UND SCHALENTIERE

forel [foorell]	Forelle
garnalen [garnaalen]	Krabben
haring [haaring]	Hering
inktvis [inktvis]	Tintenfisch
kabeljauw [kaabeljauw]	Kabeljau
kreeft [kreeft]	Krebs
makreel [maakreel]	Makrele
mosselen [mosselen]	Muscheln
gebakken Paling [gebakken paaling]	Gebackener Aal
rivierkreeft [rievierkreeft]	Flußkrebs
schelvis [sgelvis]	Schellfisch
schol [sgol]	Scholle
stokvis [stockvis]	Stockfisch
tarbot [tarbott]	Steinbutt
tonijn [toonein]	Thunfisch
zalm [salm]	Lachs
zeekreeft [seekreeft]	Hummer
zeetong [seetong]	Seezunge

BIJGERECHTEN   BEILAGEN

aardappelen [aardapplen]	Kartoffeln
gebakken aardappelen [gebakken aardapplen]	Bratkartoffeln
gekookte aardappelen [gekookte aardapplen]	Salzkartoffeln
friet [friet]	Pommes frites
rijst [reist]	Reis
gemengde sla [gemengde slaa]	Gemischter Salat

GROENTEN / GEMÜSE

asperges [aspärsches]	Spargel
andijvie [andeivie]	Endivie
bonen [boonen]	Bohnen
cichorei [siegorei]	Chicorée
doperwten [doperten]	junge Erbsen
koolraap [koolraap]	Kohlrabi
prei [prei]	Porree
spruitjes [spreutjes]	Rosenkohl

KLEINE GERECHTEN / KLEINE GERICHTE

lunchsnack [lünschsnäk]	Lunchbrot
omelet [ommelät]	Omelette
pasteitje [pasteitje]	Pastetchen (mit Fleisch oder Gemüse)
salade [saalaade]	Bunter Salat
uitsmijter [eutsmeitr]	Strammer Max

STAMPPOT / EINTOPFGERICHTE

boerenkool met worst [burenkohl met worst]	Grünkohl mit Wurst
erwtensoep met kluif [ertnsup met kleuf]	Erbsensuppe mit Wurst und Schweinefleisch
twaalf uurtje maaltijd [twaalf ürtje maalteit]	Lunchmahlzeit
hutspot [hütspott]	Möhren, Kartoffeln und Lende
jachtschotel [jagtsgotel]	Wildklein mit Äpfeln und Kartoffelpüree

NAGERECHTEN / NACHSPEISEN

ijs [eis]	Eis
ijskoffie [eiskoffie]	Eiskaffee
ijstaart [eistaart]	Eistorte
roomijs [rohmeis]	Sahneeis
slagroom [slagrohm]	Schlagsahne
citroenmousse [sitrunmus]	Zitronenmousse
compote [kompott]	Kompott
flensjes [flensjes]	Crêpes
fruitsalade [freutsaalaade]	Obstsalat
gember met room [gembr met rohm]	Ingwer mit Sahne
pannekoek [pannekuk]	Pfannkuchen
poffertjes [poffertjs]	Kleinste Pfannkuchen mit Puderzucker

Dranken
Getränkekarte

ALCOHOLISCHE DRANKEN	ALKOHOLISCHE GETRÄNKE
bier [bier]	Bier
bier van het vat [bier van het vat]	Faßbier
flessebier [flessebier]	Flaschenbier
bittertje [bittertje]	Genever mit Angostura
brandewijn [brandewein]	Weinbrand, Cognac
jenever [jenevèr]	Genever
champagne [schampanje]	Sekt
likeur [liekör]	Likör
wijn [wein]	Wein

FRISDRANKEN	ALKOHOLFREIE GETRÄNKE
cacao [kakau]	Kakao
chocoladenmelk [schokolademelk]	Schokolade
koffie [koffie]	Kaffee
koffie met melk [koffie met melk]	Kaffee mit Milch
koffie zonder cafeïne	koffeinfreier Kaffee
[koffie zondr kafeïne]	
thee [tee]	Tee
kruidenthee [kreudntee]	Kräutertee
limonade [liemoonaade]	Limonade
melk [melk]	Milch
mineraalwater/bronwater	Mineralwasser
[mieneraalwaatr/bronwaatr]	
sinaasappelsap [sienaasappelsap]	Orangensaft
tomatensap [toomaatensap]	Tomatensaft
appelsap [appelsap]	Apfelsaft
vruchtensap [frügtensap]	Fruchtsaft

Sprechen und Verstehen ganz einfach

Zur Erleichterung der Aussprache sind alle französischen Wörter mit einer einfachen Aussprache (in eckigen Klammern) versehen.

AUF EINEN BLICK

Ja./Nein./Vielleicht.	Oui. [ui]/Non. [nong]/Peut-être. [pöhtätr]
Bitte.	S'il vous plaît. [sil wu plä]
Danke.	Merci. [märsi]
Gern geschehen.	De rien. [dö rjäng]
Entschuldigung!	Excusez-moi!/Excuse-moi! [äksküseh mua/äksküs mua]
Wie bitte?	Comment? [komang]
Ich verstehe Sie/dich nicht.	Je ne comprends pas. [schön kongprang pa]
Ich spreche nur wenig …	Je parle un tout petit peu … [schparl äng tu pti pöh]
Können Sie mir bitte helfen?	Vous pouvez m'aider, s.v.p.? [wu puweh mehdeh sil wu plä]
Ich möchte …	J'aimerais … [schämrä]
Das gefällt mir nicht.	Ça ne me plaît pas. [san mö plä pa]
Haben Sie …?	Vous avez …? [wus_aweh]
Wieviel kostet es?	Combien ça coûte? [kongbjäng sa kut]
Wieviel Uhr ist es?	Quelle heure est-il? [käl_ör ät_il]

KENNENLERNEN

Guten Morgen!	Bonjour! [bongschur]
Guten Tag!	Bonjour! [bongschur]
Guten Abend!	Bonsoir! [bongsuar]
Hallo!/Grüß dich!	Salut! [salü]
Wie geht es Ihnen/dir?	Comment allez-vous/vas-tu? [komangt_aleh wu/wa tü]
Danke. Und Ihnen/dir?	Bien, merci. Et vous-même/toi? [bjäng märsi. eh wu mäm/tua]
Auf Wiedersehen!	Au revoir! [oh röwuar]
Tschüß!	Salut! [salü]

UNTERWEGS

Auskunft

links/rechts	à gauche [a gohsch]/à droite [a druat]
geradeaus	tout droit [tu drua]
nah/weit	près [prä]/loin [luäng]
Bitte, wo ist ...?	Pardon, où se trouve ..., s.v.p.? [pardong, us truw ... sil wu plä]
Wie weit ist das?	C'est à combien de kilomètres d'ici? [sät_a kongbjängd kilomätrö disi]

Panne

Ich habe eine Panne.	Je suis en panne. [schö süis_ang pan]
Würden Sie mir bitte einen Abschleppwagen schicken?	Est-ce que vous pouvez m'envoyer une dépanneuse, s.v.p.? [äs_kö wu puweh mangwuajeh ün dehpanöhs sil wu plä]
Wo ist hier in der Nähe eine Werkstatt?	Est-ce qu'il y a un garage près d'ici? [äs_kil_ja äng garasch prä disi]

Tankstelle

Wo ist bitte die nächste Tankstelle?	Pardon, Mme/Mlle/M., où est la station-service la plus proche, s.v.p.? [pardong madam/madmuasäl/mösjöh u ä la stasjong särwis la plü prosch sil wu plä]
Ich möchte … Liter.	… litres, s'il vous plaît. [litrö sil wu plä]
Normalbenzin.	De l'ordinaire. [dö lordinär]
Super.	Du super. [dü süpär]
Diesel.	Du gas-oil. [dü gasual]
bleifrei/mit … Oktan.	Du sans-plomb/… octanes. [dü sang plong/ … oktan]
Volltanken, bitte.	Le plein, s.v.p. [lö pläng sil wu plä]

Unfall

Hilfe!	Au secours! [oh skur], A l'aide! [a läd]
Achtung!	Attention! [atangsjong]
Rufen Sie bitte schnell …	Appelez vite … [apleh wit]
… einen Krankenwagen.	… une ambulance. [ün_angbülangs]
… die Polizei.	… la police. [la polis]
… die Feuerwehr.	… les pompiers. [leh pongpjeh]
Es war meine Schuld.	C'est moi qui suis en tort. [sä mua ki süis_ang tor]
Es war Ihre Schuld.	C'est vous qui êtes en tort [sä wu ki äts_ang tor]
Geben Sie mir bitte Ihren Namen und Ihre Anschrift.	Vous pouvez me donner votre nom et votre adresse. [wu puweh mö doneh wotrö nong eh wotr_adräs]

ESSEN

Wo gibt es hier ...

Vous pourriez m'indiquer...
[wu purjeh mängdikeh]

... ein gutes Restaurant?

... un bon restaurant?
[äng bong rästorang]

... ein nicht zu teures Restaurant?

... un restaurant pas trop cher?
[äng rästorang pa troh schär]

Gibt es hier eine gemütliche Kneipe?

Est-ce qu'il y a un bistrot sympa, dans le coin? [äs_kil_ja äng bistroh sängpa dang lö kuäng]

Reservieren Sie uns bitte für heute abend einen Tisch für 4 Personen.

Je voudrais retenir une table pour ce soir, pour quatre personnes.
[schwudrä rötnir ün tablö pur sö suar pur kat pärson]

Auf Ihr Wohl!

A votre santé!/A la vôtre!
[a wotr sangteh/a la wohtr]

Bezahlen, bitte.

L'addition, s.v.p. [ladisjong sil wu plä]

Hat es geschmeckt?

C'était bon? [sehtä bong]

Das Essen war ausgezeichnet.

Le repas était excellent.
[lö röpa ehtät_äksälang]

ÜBERNACHTUNG

Können Sie mir bitte ... empfehlen?

Pardon, Mme/Mlle/M., vous pourriez m'indiquer ...? [pardong madam/ madmuasäl/mösjöh wu purjeh mängdikeh]

... ein gutes Hotel

... un bon hôtel [äng bon_ohtäl]

... eine Pension

... une pension de famille
[ün pangsjongd famij]

Haben Sie noch ...

Est-ce que vous avez encore ...
[äs_kö wus_aweh angkor]

... ein Einzelzimmer

... une chambre pour une personne
[ün schangbr pur ün pärson]

... ein Zweibettzimmer

... une chambre pour deux personnes [ün schangbr pur döh pärson]

... mit Bad?

... avec salle de bains?
[awäk sal dö bäng]

... für eine Nacht?

... pour une nuit? [pür ün nüi]

... für eine Woche?

... pour une semaine? [pur ün sömän]

Was kostet das Zimmer mit ...

Quel est le prix de la chambre, ...
[käl_ä lö prid la schangbr]

... Frühstück?

... petit déjeuner compris?
[pti dehschöneh kongpri]

... Halbpension?

... en demi-pension?
[ang dmi pangsjong]

Arzt

Können Sie mir einen guten Arzt empfehlen?

Vous pourriez m'indiquer un bon médecin, s.v.p.? [wu purjeh mängdikeh äng bong mehdsäng sil wu plä]

Ich habe hier Schmerzen.

J'ai mal ici. [schä mal isi]

Bank

Wo ist hier bitte ...

Pardon, je cherche ...
[pardong schö schärsch]

... eine Bank?
... eine Wechselstube?

... une banque. [ün bangk]
... un bureau de change.
[äng bürohd schangsch]

Ich möchte ... DM (Schilling, Schweizer Franken) in Francs wechseln.

Je voudrais changer ... marks (schilling, francs suisses) en francs.
[schwudrä schangscheh ... mark (schiling, frang süis) ang frang]

Post

Was kostet ...

Quel est le tarif d'affranchissement ...
[käl ä lö tarif dafrangschismang]

... ein Brief ...
... eine Postkarte ...

... des lettres ... [deh lätr]
... des cartes postales ...
[deh kart postal]

... nach Deutschland?

... pour l'Allemagne? [pur lalmanj]

Zahlen

0	zéro [sehroh]		19	dix-neuf [disnöf]
1	un [äng]		20	vingt [wäng]
2	deux [döh]		21	vingt et un [wängt eh äng]
3	trois [trua]		22	vingt-deux [wängt döh]
4	quatre [katr]		30	trente [trangt]
5	cinq [sängk]		40	quarante [karangt]
6	six [sis]		50	cinquante [sängkangt]
7	sept [sät]		60	soixante [suasangt]
8	huit [üit]		70	soixante-dix [suasangt dis]
9	neuf [nöf]		80	quatre-vingts [katrö wäng]
10	dix [dis]		90	quatre-vingt-dix [katrö wäng dis]
11	onze [ongs]		100	cent [sang]
12	douze [dus]		200	deux cents [döh sang]
13	treize [träs]		1000	mille [mil]
14	quatorze [kators]		2000	deux mille [döh mil]
15	quinze [kängs]		10000	dix mille [di mil]
16	seize [säs]			
17	dix-sept [disät]		1/2	un demi [äng dmi]
18	dix-huit [disüit]		1/4	un quart [äng kar]

Carte
Speisekarte

PETIT DEJEUNER	**FRÜHSTÜCK**
café noir [kafeh nuar]	schwarzer Kaffee
café au lait [kafeh oh lä]	Kaffee mit Milch
décaféiné [dehkafäineh]	koffeinfreier Kaffee
thé au lait/au citron [teh oh lä/oh sitrong]	Tee mit Milch/Zitrone
tisane [tisan]	Kräutertee
chocolat [schokola]	Schokolade
jus de fruit [schüd früi]	Fruchtsaft
œuf mollet [öf molä]	weiches Ei
œufs brouillés [öh brujeh]	Rührei
œufs au plat avec du lard [öh oh pla awäk dü lar]	Eier mit Speck
pain/petits pains/toasts [päng/pti päng/tohst]	Brot/Brötchen/Toast
croissant [kruasang]	Hörnchen
beurre [bör]	Butter
fromage [fromasch]	Käse
charcuterie [scharkütri]	Wurst
jambon [schangbong]	Schinken
miel [mjäl]	Honig
confiture [kongfitür]	Marmelade
yaourt [jaurt]	Joghurt
fruits [früi]	Obst

SOUPES ET HORS-D'ŒUVRES	**SUPPEN UND VORSPEISEN**
bouillabaisse [bujabäs]	südfranzösische Fischsuppe, scharf gewürzt
soupe à l'oignon [sup a lonjong]	Zwiebelsuppe
soupe de poisson [sup dö puasong]	Fischsuppe
consommé de poulet [kongsomehd pulä]	Hühnersuppe
crudités variées [krüditeh warjeh]	Salatteller
pâté de campagne [patehd kangpanj]	Bauernpastéte
pâté de foie [patehd fua]	Leberpastete
salade niçoise [salad nisuas]	grüner Salat, Tomaten, Ei, Käse, Oliven, Thunfisch

VIANDES — FLEISCH

agneau [anjoh]	Lammfleisch
bœuf [böf]	Rindfleisch
mouton [mutong]	Hammelfleisch
porc [por]	Schweinefleisch
veau [woh]	Kalbfleisch
bifteck [biftäk]	Steak
côte de bœuf [koht dö böf]	Rindskotelett
escalope de veau [äskalop dö woh]	Kalbschnitzel
filet de bœuf [filäd böf]	Rinderfilet
foie [fua]	Leber
gigot d'agneau [schigoh danjoh]	Lammkeule
grillades [grijad]	Grillplatte
rognons [ronjong]	Nieren
rôti [roti]	Braten
sauté de veau [sohtehd woh]	Kalbsragout
steak au poivre [stäk_oh puawr]	Pfeffersteak
steak tartare [stäk tartar]	Tatar

VOLAILLES ET GIBIER — GEFLÜGEL UND WILD

canard à l'orange [kanar a lorangsch]	Ente mit Orange
coq au vin [kokoh wäng]	Hahn mit Rotwein
dinde aux marrons [dängd oh marong]	Truthenne mit Kastanien
lapin chasseur [lapäng schasör]	Kaninchen nach Jägerart
poulet rôti [puläng roti]	Brathähnchen

POISSONS, CRUSTACES ET COQUILLAGES — FISCH, SCHALENTIERE UND MUSCHELN

cabillaud [kabijoh]	Kabeljau
calmar frit [kalmar fri]	gebratener Tintenfisch
daurade [dorad]	Goldbrasse
lotte (de mer) [lot (dö mär)]	Seeteufel
loup de mer [lu dö mär]	Seewolf
maquereau [makroh]	Makrele
morue [morü]	Kabeljau, Stockfisch
perche [pärsch]	Barsch
petite friture [pötit fritür]	gebratene kleine Fische
rouget [ruschä]	Rotbarbe
sandre [oongdr]	Zander
sole au gratin [sol oh gratäng]	überbackene Seezunge
truite meunière [trüit möhnjär]	Forelle Müllerin
turbot [türboh]	Steinbutt

coquilles Saint-Jacques [kokij sängschak]	Jakobsmuscheln
crevettes [kröwät]	Garnelen, Krabben
homard [omar]	Hummer
huîtres [üitr]	Austern
moules [mul]	Miesmuscheln
plateau de fruits de mer [platoh dö früi dö mär]	verschiedene Meeresfrüchte

LEGUMES/PATES	**GEMÜSE/BEILAGEN**
choucroute [schukrut]	Sauerkraut
épinards [ehpinar]	Spinat
petits pois [pti pua]	Erbsen
pommes natures [pom natür]	Salzkartoffeln
ratatouille niçoise [ratatuj nisuas]	Mischgemüse aus Tomaten, Paprika, Aubergine etc.
nouilles [nuj]	Nudeln
riz au curry [ri oh küri]	Curryreis

FROMAGES	**KÄSE**
fromage blanc [fromasch blang]	feiner Quark
fromage de chèvre [fromasch dö schäwr]	Ziegenkäse
gruyère [grüjär]	Schweizer Käse
petit suisse [pti süis]	Sahnekäse
roquefort [rokfor]	mit grünem Schimmel durchzogener Käse
yaourt [jaurt]	Joghurt

DESSERTS	**NACHSPEISEN**
glaces [glas]	Eis
charlotte [scharlot]	Süßspeise aus Löffelbiskuits mit Früchten
flan [flang]	Karamelpudding
gâteau [gatoh]	Kuchen
pâtisserie maison [patisri mäsong]	Gebäck nach Art des Hauses
profiteroles [profitrol]	kleine Windbeutel mit Cremefüllung
tarte aux pommes [tart oh pom]	Apfelkuchen
tarte tatin [tart tatäng]	umgestürzter Apfelkuchen

FRUITS	OBST
abricots [abrikoh]	Aprikosen
fraises [fräs]	Erdbeeren
framboises [frangbwas]	Himbeeren
macédoine de fruits [masehduan dö früi]	Fruchtsalat
pêches [päsch]	Pfirsiche
poires [puar]	Birnen
pommes [pom]	Äpfel
prunes [prün]	Pflaumen

Liste des Consommations
Getränkekarte

VIN ROUGE ET VIN BLANC	ROT- UND WEISSWEIN
un (verre de vin) rouge [äng (wär dö wäng) rusch]	ein Glas Rotwein
1 quart de vin blanc [äng kar dö wäng blang]	ein Viertel Weißwein
1 pichet de rosé [äng pischäd rohseh]	20 bis 50 cl. Rosé

BIERE	BIER
bière pression [bjär prehsjong]	offenes Bier
un demi [äng dmi]	25 cl
un sérieux [äng sehrjöh]	50 cl
bière bouteille [bjär butäj]	Flaschenbier

SANS ALCOOL	ALKOHOLFREI
la bière sans alcool [la bjär sangs_alkol]	alkoholfreies Bier
jus de fruits [schüd früi]	Fruchtsäfte
la limonade [la limonad]	Limonade
le lait [lö lä]	Milch
l'eau f minérale [loh minehral]	Mineralwasser
le jus d'orange [lö schü dorangsch]	Orangensaft